文春文庫

陛下の御質問

昭和天皇と戦後政治

岩見隆夫

目次

単行本　一九九二年六月　毎日新聞社刊
写真　宮内庁　毎日新聞社　日本雑誌協会

陛下の御質問——昭和天皇と戦後政治

中曽根運輸相は聞いた

戦後、象徴としての天皇は政治に直接のかかわりを持たなかった。しかし、かかわらないようで、実は深くかかわった、と言うべきだろう。

それは天皇の政治関与といった形式論ではなく、戦後政治における昭和天皇の存在感である。天皇陛下は政治にかかわる内外の多彩な人たちと接触を重ねた。たとえば、最高指導者である歴代首相は、天皇陛下をどう意識し、面前で何を語ってきたか。あるいは天皇陛下から何を語りかけられたか。

ご逝去の際の論議のなかで、哲学者の上山春平が、

「日本は立憲君主制と考えているが、天皇の権力を極限まで削減している。象徴天皇制は立憲君主制の極限状態です。半面、実権を最小限にされたという意味で、最高とも言えます」

と語っていたのを思い起こす。その最高の意味あい、実態とは何か——。

元首相の中曽根康弘が第二次佐藤改造内閣の運輸相に就任したのは一九六七（昭和四

十二）年十一月である。まもなく宮内庁の求めに応じ宮中にご進講に出向いたが、終わったところで中曽根はこう述べた。

「陛下、大変失礼とは存じますが、年来お聞きしたいと思っていたことがあるんでございます。お尋ねしてもよろしゅうございますか」

一閣僚が天皇陛下に質問するというのは異例のことで、首相でもまずやらない。お尋ねにお答えするだけにとどまる。しかし、中曽根まだ四十九歳、好奇心が禁を破った。天皇陛下は、

「ああ、いいよ」

と応じられた。

「実は、司馬遼太郎が書いた『殉死』という本がございます。その中で、学習院長だった乃木希典《のぎまれすけ》大将が殉死される前に、宮中で皇孫殿下三人を集めてお別れをやりました。しかし、そんなことは言わないで、山鹿素行《やまがそこう》の『中朝事実』の話をしましたが、難しいものですから、秩父宮と高松宮はプイと表へ飛び出してしまわれた。陛下だけが我慢して最後までお聞きになった、と書いてあります。大変おそれ多いことですが、そういうことはあったのでございましょうか」

注釈がいる。明治天皇ご逝去のあとを追って、乃木が自邸で自害したのは一九一二（大正元）年九月十三日の夜だった。当時、明治天皇は裕仁親王（のちの昭和天皇）に強

い期待をかけ、日露戦争から凱旋《がいせん》した乃木を学習院長と宮内省御用掛に据えたのも、ご養育を思ってのことといわれる。

司馬の『殉死』によると、乃木は自害の二日前、九月十　日午前七時に参内し、すでに皇太子になった裕仁親王と淳宮《あつのみや》（秩父宮）、光宮《てるのみや》（高松宮）の三人がそろうのを待って、人ばらいをした。そして、ふろしき包みから『中朝事実』を取り出し、講義を始めた。概要説明だけで五十分以上を要した。

さて、山鹿素行だが、江戸時代の著名な兵法学者で、のちに陽明学の世界に入った人物。知行合一、行動を伴わない思想を極度に排するのが陽明学である。乃木は山鹿の思想を深く信奉し、著書を反復熟読した。ただ『中朝事実』は一種の秘書で、皇室絶対思想で書かれており、江戸、明治と刊行されないまま埋もれていた。乃木はこの稿本を探し出し手写している。

講義の場面に戻ると、

「（乃木は）顔をまっすぐにあげたまま涙がとめどもなくくだっており、しかも声はやむことがなかった。裕仁親王はすでに十二歳であるだけにこの場から逃げだすことはせず、しつけられたとおりの姿勢で立ちつづけていた」

と司馬は書いている。乃木は最後の講義で、帝王としての心掛けを説いた。日露戦争のあとびまんし出した新しい文明と思潮のなかで、この国は崩壊するのではないか、とそのころ乃木は語っていたという。

乃木の講義から波乱の五十五年が過ぎ去って、突然、中曽根に質問を受けたのである。天皇陛下も驚いただろう。

「記憶が定かではないけれども、もしそういうことが書いてあるならば、あったのかもしれない」

と答えられた。昭和天皇一流の表現法だが、肯定されたものとみていい。中曽根は携えていった『殉死』の一冊を、

「この本でございます」

と置いて、おいとまをした。

それから今日まで、さらに二十四年の歳月が流れている。中曽根は、

「『中朝事実』にはところどころに乃木大将の朱注が入っていたとも書いているので、のちに富田（朝彦）宮内庁長官に『その本があるか』って聞いたら、宮中の書陵部にあったそうだ。昭和天皇は大変な我慢強さですよ。乃木大将がやったのは帝王学ですから」

と語った。そのように聞かれて、天皇陛下としてはどんな心境になられただろうか、とも聞いてみた。

「分かりませんね。でも、そういう親愛の情を持たせるお人柄でしたね。おっかない人

だったらお聞きしませんよ」

と中曽根は笑った。自己流の宰相学を身につけつつあった中曽根は、幼時から帝王学をしつけられなければならなかった昭和天皇の心情に触れたかったのだと思われる。

ご退位めぐり応酬

政治の側が戦後の昭和天皇を見る目は、時の流れとともに、微妙に変わっていった。政治家によっても、天皇観にギャップがみられた。

一九五二（昭和二十七）年二月一日付の『毎日新聞』朝刊一面のすみに、

「天皇退位論者は非国民」
――吉田首相答弁

の小さな見出しがある。十数行のベタ記事扱い。当時はまだ用紙が不足していて、朝刊四ページ、夕刊二ページのころだが、政界も国民も、関心は戦後日本の新体制づくりに注がれ、天皇陛下のあれこれはすでにニュースの前面に出てこない。

この日の紙面も、前日の衆院予算委員会で、吉田首相が、

「警察予備隊は本年十月で打ち切り、新たに防衛隊（のちの保安隊）を創設する」

と重大言明をした、と派手に報じている。五二年という年は、戦後の一つの区切りだった。というより、戦後保守体制の骨組みを一応完成させた年である。日米行政協定調

印（2・28）、対日平和・安保両条約発効（4・28）、日華条約調印（4・28）、血のメーデー（5・1）、保安庁新設（8・1）、衆院抜き打ち解散（8・28）、池田通産相「中小企業の倒産・自殺もやむなし」発言で辞任（11・29）――と慌ただしかった。世情、騒然としている。

ところで、吉田首相から防衛隊創設の答弁を引き出した民主党の青年将校、中曽根康弘は、一月三十一日の予算委論戦を次のように締めくくった――。

「最後にご質問を申し上げますが、それは天皇ご退位の問題であります。これは重大な問題でありますから、吉田総理大臣からご懇切なるご答弁を承りたい。現天皇が一貫して平和論者であって、戦争の形式的責任がないことは、世界及び国民の等しく認めるところである。しかし、現在、旧憲法第三条、神聖不可侵のご身分より人間に解放せられた天皇が、地上のわれわれと同じ一員として、過去の戦争について人間的苦悩を感じておられることもありうるのであります。もしこの天皇の人間的苦悩が、外からの束縛によってほぐされない状態であるならば、この束縛を解くことが、古くして新しい天皇制にふさわしいことと言わなければなりません」

質問が続く。

「外からの束縛と考えられるものは何でありましょうか。その一は、終戦後の日本を安定させ、国際義務を履行するために位《くらい》におられる、連合国に対する道義的責任感であります。その二は、戦争及び終戦後の悲劇と混乱を最小限に食い止めて、国家の秩序回復と民生安定のために在位される、国民に対する責任であります。これら二つの問題は、しかし、すでに解決され、またはまさに解決されようとしております。もし天皇が御みずからのご意思でご退位あそばされるなら、その機会は最近においては、第一に新憲法制定の時、第二は平和条約批准の時、第三には最後の機会として、平和条約発効の日が最も適当であると思われるのであります」

さらに続く。

「しかし、この問題はあくまで天皇ご自身の自由なご意思によって決定さるべきでありますが、国際情勢、国内情勢より判断して、天皇がもしそのご意思ありとすれば、このご苦悩をお取り払い申し上げることも必要かと存ずるのであります。皇太子も成年に達せられ、戦死者の遺家族たちにも温かい国家的感謝をささげ得ることになった今日、天皇がみずからご退位あそばされることは、遺家族その他の戦争犠牲者たちに多大の感銘を与え、天皇制の道徳的基礎を確立し、天皇制を若返らせるとともに、確固不抜のものに護持するゆえんであると説く者もありますが、政府の見解はこの点についてはいかなるものでございましょうか」

七十三歳の老首相、吉田茂が答弁に立った。

「この問題は軽々に論ずべきでないことは、あなたもご同感であろうと存じます。私はここに一言申しますが、長くは申しませんが、今日は立派な日本に再建すべき時であり、再建すべき門出にあるのであります。日本民族の愛国心の象徴であり、日本国民が心から敬愛しておる陛下が、ご退位というようなことがあれば、これは国の安定を害することであります。これを希望するがごとき者は、私は非国民と思うのであります。私はあくまでも陛下がその御位においでになって、そして新日本建設にご努力され、また新日本建設に日本国民を導いていかれるということのご決心あらんことを希望いたします」

拍手が起きた。予算委員長の塚田十一郎が、

「今日はこの程度にとどめまして……」

と述べて散会になった。

吉田は、野党、民主党（のち改進党）の若い論客、中曽根を非国民呼ばわりしたのである。きわどい応酬だった。当時、中曽根は、吉田答弁について、

「天皇の自由意思を否定し、人間的存在としての天皇に対し、旧明治憲法下における天皇を依然として頭においているのであって、重大な反省を促す」

と激しく非難し、

「憂うべきは指導的政治家における脳髄の動脈硬化症である。このような政治家に指導されるならば、日本の若返りは不可能だ」

ともかみついた。

最近になって、中曽根は天皇退位論争を回想してこう語る。

「吉田さんは、第二次世界大戦の責任を問うて天皇退位論を展開したと歪曲《わいきょく》したね。実際はそうじゃないんです。しかし、吉田さんは退位論なんか言うものはうるさくてしょうがないという感じだった。私なんかとのセンスの差でしたね。その前に、退位問題について、政府としてはどうするかを決めていたと思いますよ」

吉田と中曽根は年齢に四十歳の開きがある。センスの違いは当然あっただろうが、象徴天皇制という、ややあいまいな概念についても、受け止め方に差異がみられた。退位論をめぐって、それが表面にでたのである。

「沖縄はどうかね」

元首相の竹下登は、官房長官、建設相、蔵相、首相を歴任する間に、何度となく昭和天皇に内奏（国政報告）する機会があったが、もっとも鮮やかな記憶として残っているのは、天皇が、

「沖縄はどうかね」

と再三にわたり尋ねられたことだった。沖縄が祖国に復帰したのは佐藤政権の末期、一九七二（昭和四十七）年五月十五日、東京の記念式典では天皇が喜びのお言葉を述べた。当時、竹下は官房長官である。

「沖縄返還交渉の推移みたいなものを内奏したが、沖縄について大変心配しておられたことは事実だ。その後、ぼくは大蔵大臣が長かったから、財務局長が寄せてくる各地の景気動向の報告をしていると、『それで、沖縄はどうかね』と聞かれる。そんなことが一度ならずあった。首相になってからも同じで、北海道のことを聞かれたこともあったが、やはり沖縄が多かったなあ」

沖縄にかぎらず、どんな問題についても、昭和天皇はご質問の形で、心情や関心を示すのが通例になっていた。天皇の権能は「国の元首にして統治権を総攬《そうらん》する」(旧憲法第四条)とした戦前とは違い、「国事に関する行為のみを行い、国政に関する権能を有しない」(現憲法第四条)という立場だから、政治判断じみた発言は控えなければならない。質問スタイルはその制約のもとで編み出された方法だった。

国内政治について、ご質問の舞台になったのは、主として首相や閣僚による内奏である。内奏の回数や一回あたりの時間は、人によって違った。天皇との心理的な距離感が回数などに微妙にあらわれることになった。内奏に執着し、国会の本会議の開会時刻を遅らせてまで宮中に駆けつける首相もおれば、淡泊な首相もいた。竹下は昭和天皇に内奏した最後の首相である。

「晩年と言っては失礼だが、いろんな思いが多くあられたのだろう。ぼくが八七年十一月に首相になってから、翌年九月十九日お悪くなられるまでの間、内奏の頻度は割合多かった。間に入っている宮内庁長官らが大変に配慮しておられて、天皇が聞いてみたいなあと思っていらっしゃる、こちらもご報告しなければならんと思っている、そのへんをつなぐあうんの呼吸と言いますか、実に素晴らしいなあ、と。時間も必ずたっぷりとるように配慮してくれておりましたね。あとに思いを残しておられるという感じがあって、内奏の時間は長かったように思う。ぼくも(長くなってもいいように)あとの日程をあけるようにしていました」

と竹下は言う。また、天皇とのやりとりには独特のトーンがあるらしく、竹下も説明に窮しているところがあった。

「『あ、そう』『あ、そう』と言って聞かれるが、どう言ったらいいか、ちょっと適切な言葉が出ない。『おお、きょうは寒いね』という感じが言葉のなかにない。帝王学と言うんでしょうか。『今年は異常気象で国民が困ってないかね』とか、表現が適切でないかもしれないが、そんな感じだった。いつも『国民が……』という感じで……」

さて、この内奏だが、特別の規定があるわけではない。旧憲法第四九条に「両議院は各々天皇に上奏することを得」という規定があるくらいで、現憲法第七条に定める国事行為十項目にも「内奏」の文字はない。密室でやられることだけに、国民主権のもとでの内奏の性格づけは難しい。

それが国会の論議になったこともあった。一九八八（昭和六十三）年五月、中央公論社から出版された『続 重光葵手記』の記述である。重光は外相をしていた五五（昭和三十）年八月二十日、昭和天皇を訪問して渡米のあいさつをした。当日の日記には次のように記されている。

「午前九時、上野発、那須に向ふ。駅より宮内省（庁の誤り）自動車に迎へられ、御用邸に行く、控え室にて入浴、更衣。昼食を賜はり、一時過参入、拝謁す。渡米の使命に付て縷々《るる》内奏、陛下より日米協力反共の必要、駐屯軍の撤退は不可なり、又、自分の知人に何れも懇篤な伝言を命ぜらる」(原文のまま)

重光は同月二十九日、ワシントンでダレス米国務長官と会談、岸信介民主党幹事長、河野一郎農相も同席したが、当時日本側は自主防衛の強化と引き換えに米地上軍の撤退を要望していた。日記の通りなら、天皇はこれに異を唱えたことになる。また、この年六月からロンドンで日ソ交渉が始まっており、重光・ダレス会談でも日ソ関係が重要議題になった。天皇の「反共の必要」はその事前報告に対する反応と思われる。

時期的には保守合同の直前、翌年は鳩山首相の訪ソが迫っており、鳩山、重光ら民主党グループは米国との対等な関係構築と日ソ復交に向けて動き始めていた。昭和天皇はいずれにも慎重論だったということになるのか。

重光日記問題は、出版直後の八八年五月二十六日の参院決算委で取り上げられ、社会党の一井淳治が、

「天皇のこのような高度な政治的発言は好ましくない。現在の内奏でもそのようなことはあるのか」

と追及したが、政府側は、

「内奏は、旧憲法下とは違い、象徴として一般的な教養を高める一つの手段として行われている。政治的発言はないはずだ」

と答え、それ以上の論議にはなっていない。昭和天皇はこの前年九月二十二日に開腹手術をされ、いったん国事行為に復帰されたとはいえ、健康体ではなかった。

重光日記は史料価値が高いとされており、その通りなら、内奏でのやりとりは質問スタイルだけではなかったことになる。

「桑名のシジミ」問答

閣僚のなかでも、歴代の農相は、昭和天皇の前に出向く時、とりわけ緊張したという。生物学者の天皇が農政について、専門的なご質問をされた場合、答えられないのではないか、という不安が先に立ったからだ。

元首相の福田赳夫は、一九五九（昭和三十四）年六月、第二次岸改造内閣の農相に就任した。自民党の政調会長、幹事長をつとめたあとの入閣である。三カ月後に超大型の伊勢湾台風が中部地方を襲った。死者・行方不明五千余人。福田は台風の被害状況を視察、帰京すると宮中で昭和天皇に報告した。米の減収、田畑の流失面積、森林の被害などである。天皇は報告を聞き終わると、

「時に農林大臣、桑名のシジミはどうなったか」

と尋ねられた。桑名と言えばハマグリ。しかし下手な返事をしてもいけないと思い、

「シジミのことは調べて追ってご報告致します」

と答えた。しばらくやりとりがあってから、天皇は、

「時に名古屋の金魚の被害状況はどうか」

と聞かれた。これも用意がない。

「追って調べてご報告します」

と福田は答えるしかなかった。さっそく、農林省の水産試験場で調べてみると、当時のハマグリの産地は松島、一部が韓国産、桑名ではほとんどとれないことが分かった。天皇が言われたとおり、桑名はシジミの産地で、金魚も名古屋が日本三大産地の一つだった。

「要するにからかわれたんだよ。ユーモアなんだ。その時の陛下の表情は実によかった。ほんとにユーモアを楽しまれる方だった」

と、いまの福田はしみじみ語る。

話が飛ぶが七一（昭和四十六）年七月の第三次佐藤改造内閣で、福田は蔵相から外相への横すべりを、佐藤首相に求められた。

「今回の外務大臣は、秋に予定されている天皇、皇后両陛下ご訪欧の首席随員をつとめてもらうことになるので、心得ていてほしい」

と佐藤は言う。福田は即座に、

「私には二十数年来抱えている胆石があります。年に一、二回、特に長い旅行をしている時にきまって暴れだすのです。もしご旅行のお供をしている時に痛みだしたら困るので、この際摘出手術をしなければならないし、手術後の静養の時間も入れると一カ月半ぐらいは執務につけませんよ」

とことわると、

「それで結構、安心してそうしなさい」

となった。

福田が胆石手術を終えたあと、天皇、皇后両陛下がご出発になったのは九月二十七日、デンマーク、ベルギー、フランス、英国、オランダ、スイス、西ドイツの七カ国を十八日間で回られる旅である。機中で福田の手術が話題になり、記念に撮影しておいた胆石(五百三十七個もあった)の写真を天皇におみせすると、大変に興味を示され、さらに、

「こんどの旅行は、フランスとスイスが非公式訪問だから、日程にも余裕がある。遠慮なく十分に休養をとるように」

と気遣われた。

西ドイツではボートでライン下りをしたが、ボート上で天皇が聞かれた。

「福田、あのきれいな並木は何の木だ」

「あれはポプラではないでしょうか」

「……」

あとで、随行の侍従からささやかれる。

「福田さん、あの答えはだめです。あれはノルウェーのものですか、ということを聞かれておられるのであって、ポプラなんていうことはご存じですから」

英国で、福田は二度、小さな失敗をした。最初はキュー・ガーデンという植物園。天皇のお手植えの行事があり、すんだところで福田は同行記者団に囲まれ、質問に答えているうちに、ご一行が出発、取り残されてしまった。首席随員行方不明事件である。

次はバッキンガム宮殿。夜遅くエリザベス女王主催の晩餐会が終わったあと、翌早朝オランダに出発するのに備え、福田の二男の横手征夫秘書官が夜のうちにすっかり荷造りして出した。ところが、翌朝洋服を着る段になってネクタイがない。荷物といっしょに運ばれたあと。大慌てのすえ、迎えにきた在英大使館員のネクタイを借りて急場をしのいだ。

いずれの情報も細かく天皇の耳に入った。毎年九月末ごろ、随員が招かれ、両陛下のおもてなしを受けたが、天皇は、

「福田はあの時行方不明になったね」

とひやかされ、横手にも、

「近ごろは秘書をちゃんとやっていますか」

と声をかけられた。また、福田が何度かの内奏の折に、

「きょうはネクタイをつけてるね」

と楽しげにからかわれることがしばしばだったという。

「国内の儀式などでお目にかかる陛下は、非常に厳かな面ばかりだったが、旅のお供をして人間天皇様にじきじき接すると、まったく別人のようであられた。ご訪欧の両陛下は、ゆく先々で大変な歓迎を受けられ、天皇外交の偉大さを痛感した。日本の存在を大きくPRし、日本への認識を高める大きな役割を果たされたのです」

と、福田は最近の旅行エッセーに記している。一九七五（昭和五十）年十月の天皇訪米でも、福田副総理が首席随員をつとめた。旅での縁が深かった。

昭和46年の訪欧で英・エリザベス女王と

歴代首相へ鋭い批評眼

昭和天皇の人物評価と好悪の情がはっきりしていたことは、戦前の政治指導者と天皇をめぐる資料で明らかである。戦後リーダーのなかで、昭和天皇が心情的につながりを深めたのはだれだったか。中曽根康弘によると、

「よく分かりませんが、まあ、吉田（茂）さんじゃないでしょうか。吉田さんに対しては、陛下は二つの感じを持っておられたと思います。一つは柱石になり、よくやってくれてありがとうという気持ち。もう一つは、吉田さんの貴族趣味です。吉田さんの『不《ふ》逞《てい》の輩《やから》』というやり方については、陛下は必ずしもすらっと受け入れてはおられなかった。それから羽織、袴《はかま》に白タビね。そのへんで陛下には二つの思いがあったと思いますよ。吉田さんの側からは、非常に強い、陛下に対するものがあったと思いますね。

佐藤（栄作）さんは非常に複雑だった。佐藤さんが第二次吉田内閣の官房長官になって入閣した際、陛下は『これでいいのかね』と言われているんです。敗戦直後だから（戦犯容疑者だった）岸信介さんの弟さんということを気遣われた。しかし、沖縄返還に

ついては、特によくやったと思っておられたのではないでしょうか。陛下に対する忠誠もあったと思いますね」

という。歴代の首相は、程度の差こそあれ、昭和天皇が自分に対してどんな印象、感情を持っておられるかを、たえず気にした。それが、政治的立場を直接左右するわけではなかったが、心理的には少なからずインパクトを持ったと思われる。天皇がつぶやいたり、もらしたりされたことが、侍従長や宮内庁長官を通じて、首相に伝えられることもあった。

吉田の場合、「不逞の輩」というのは、一九四七（昭和二十二）年の元日、国民に訴えるラジオ放送のなかで使った言葉だ。当時、すさまじいばかりのインフレ、食糧難に抗して、労組がストライキで生活防衛の要求を貫こうとしたことを、吉田は頭ごなしに非難し、

「私はこのような不逞の輩がわが国民中に多数いるとは信じない」

と述べたのである。この年二月一日には、全官公庁労組がゼネストを予定し、準備を進めていた。

「不逞」という表現に労組側は憤激し、一月三日付の『朝日新聞』も、

「それは、特権階級が政治的弾圧を行うにあたって、おのれを正しとし、他を不逞としていっさいの批判を許さない絶対主義的天皇制のもとにおける独特の言葉であった」

と批判している。吉田語録のなかで、同様に不評だったのは「曲学阿世《あせい》の徒」である。一九五〇（昭和二十五）年五月三日、自由党の両院議員秘密総会で、吉田が述べた外交一般についての所信で、これは使われた。当時の東大総長、南原繁が全面講和の立場から発言したことに立腹し、名指しで非難したものだった。曲学阿世とは、真理を曲げた不正の学問によって世俗におもねることを言う。

いずれも、古めかしい漢語だが、吉田の貴族的、独善的、強権的な体質をあらわしていて、世間の評判を落とす一因になった。昭和天皇がそうした極端な言動に不快感を抱かれたという指摘は、興味深い。

しかし、吉田の天皇への思い入れは強烈なものがあった。「臣茂」と自称したのが有名である。一九五二（昭和二十七）年十一月十日に行われた皇太子殿下（現天皇）のご成年式と立太子礼で、吉田首相は国民を代表し寿詞を奉読したが、用語が難解なだけでなく「臣」が登場して、

「逆コース調だ」

と批判にさらされた。のちに首相を退いてから、吉田は、

「私が『臣茂』と称したことをもって、民主主義に反し、新しい政治観念からみて、許されないという非難がでた。しかし、私は、私の信念に基づいて、用意された原文にわざわざ『臣』の文字を加筆したのである。当時、非難を耳にして憤懣《ふんまん》やるかたなく、そ

昭和41年の園遊会で吉田茂、佐藤栄作と

のような論者は面罵《めんば》して反省を促そうとも考えたが、国家の慶事でもあるからと差し控え、黙していた。

いかなる世の中になっても、父母、兄弟、長幼の序、先輩後輩の順、社会上下の礼儀なくしては、社会の秩序は保たれない。国家の安定を得ることもできない。わが国古来の歴史的観念、伝統的精神からすれば、皇室がわが民族の始祖、宗家である。これは理論ではなく、事実であり、伝統である。皇室を尊崇するのが、人倫の義であり、社会秩序の基礎になってきた。故に、わが国の民主主義も、この観念、精神を基礎にしなければならない。『臣』と称するのを非難する精神こそおかしい」

と、著書の『回想十年』(第四巻)で反論した。だが、細心にして万事控えめな昭和天皇が、「臣」をことさら強調することを歓迎しておられたかどうかは疑問である。

さかのぼると、歴史の転回点になった一九四五(昭和二十)年八月十五日午後、終戦の大役を果たした鈴木貫太郎首相が、昭和天皇に辞表を提出し、天皇は、

「ご苦労をかけた」

といたわられた。天皇、四十四歳の夏である。翌十六日、終戦処理内閣として、皇族の東久邇稔彦に組閣を命じ、

「帝国憲法を尊重し、(終戦の)詔書を基とし、軍の統制、秩序の維持に努め、時局の収拾に努力せよ」

と申し渡されている。以来、東久邇を含め竹下登までの十七人が、戦後の昭和時代をリードしてきたが、吉田、佐藤だけでなく歴代について、昭和天皇は鋭い批評眼を注いでおられた。

繰り返し「振り子の原理」

社会党委員長の片山哲が首相に指名されたのは一九四七（昭和二十二）年五月二十三日の衆院本会議である。その二十日前に日本国憲法が施行されており、新憲法下最初の首相指名選挙だった。

この年四月二十五日、戦後二度目の衆院総選挙は田中角栄、中曽根康弘らが初当選した時だが、社会党が第一党に躍りでて、いや応なく政権担当を強いられ、第一次吉田内閣のあとを継いだのである。しかし過半数の勢力はなく、第二党の自由党（吉田茂総裁）を除く三党連立の中道政権となった。閣僚構成も社会党から七人、第三党の民主党（芦田均総裁）から七人、第四党の国民協同党（三木武夫書記長）から二人、参院緑風会一人になっている。芦田は外相、三木は逓信相で入閣したが、この組閣は手間どり、六月一日に成立、わずか九カ月で自壊した。

この敗戦直後の混乱期、初の社会党首相になった片山と昭和天皇のかかわりをたどってみる。資料は乏しいが、片山一人の首相任命式が指名翌日の五月二十四日午後五時、

六月一日午前十時四十分には閣僚の認証式が行われた。のちの侍従長、入江相政の『日記』によると、その場の空気は、

「閣僚一同の敬虔《けいけん》な態度には強く感に打たるるものがあつた。就中《なかんずく》森戸辰男氏（文相）西尾末広氏（内閣官房長官）等の立派な態度は従来絶対に見ざるものであつた。認証式前の拝謁の後、片山総理に対せられて深い御信任の思召もうかがつた。これで万歳である」（原文のまま）

と描かれている。森戸、西尾がどんな具合に「立派な態度」だったかは分からない。片山への「御信任の思召」も中身がはっきりしないが、片山の清廉潔白な人柄は定評があった。クリスチャンでありながら東洋的な風貌を持ち、アンデルセンと白楽天に心酔し、その研究家としても知られていた。天皇がのちに「誠に良き人物」と評するのは、わずかな接触の間に、そうした好印象を抱かれたものと思われる。

ところで、首相就任のあと、昭和天皇は関西、東北の視察に回られる。片山はそのつど、東京駅頭でご送迎をし、さらに何度かの内奏をした程度だが、天皇は片山の政治運営を気にしておられたらしい。

政権発足から四カ月もたたない同年九月二十二、二十三両日、天皇は那須御用邸に木下道雄を呼ばれ、片山首相への連絡事項を告げられた。木下は大正末から昭和はじめの約六年間を東宮侍従、終戦直後の半年あまりは侍従次長を務めた、昭和天皇側近の一人

である。

一九九一年に刊行された木下の『側近日誌』のなかの関係文書に、その連絡事項が記されている。「片山首相に連絡すべき旨御下命ありたる要旨」は五項目だが、第一に、「片山は誠に良き人物と思うが、面識浅き為予の真意をいまだ良く呑み込みおらざるように思うから、木下から友人の間柄をもって良く諒解させよ」（原文のまま）と命じられている。第二に「予の信條」として三点並んでいるが、もっとも注目に値するのは次の記述だろう。

「物事を改革するには自ら緩急の順序がある。かの振り子が滑らかに動くのは静かにこれを動かす結果である。急激にこれを動かせば必ず狂う。この振り子の原理は予の深く常に留意する所である。改革しても反動が起こるようでは困る」

以上でわかることは、このころ昭和天皇はまだ、首相教育がご自分の任務と考えておられたこと。また、「振り子の原理」の強調は、天皇のご性格からくる信条でもあっただろうが、初体験の社会党首相への懸念も働いていたのではないかと思われる。

第三項目は、片山と昭和天皇の割合私的な事柄だが、

「片山はしきりに予の環境が予を苦しめ、予が困っているであろうと気の毒がって同情してくれるが、予には前述の信條（公を先にし私を後にして、先憂後楽でいきたい）のあることを呑み込んでもらいたい。片山は予がもっと気楽に行動するように、又生活の上

でも一家団欒《だんらん》して暮らすようになったら良いと思っておるようだが、輿論にも、現れた輿論の他にもう一つ隠れた輿論のあることを深く注意して欲しい」

　と注文しておられる。推察するに、片山は昭和天皇の質素な暮らし向きを気遣って、改善の進言をしたのだろう。第五項目でも、

「片山は皇太子が予の膝元で教育されないことを人間味の欠如として心配しておるが、これも予の信條からきていることである。予の親としての真情から言えば、手許に置きたい。しかし、これを実現する為《ため》には家も建てねばならぬし、又目白の学習院に中等科の校舎を建てねばならぬ。政府の財政が果たしてその負担に耐えるや否や疑わしい……」

　とある。片山は首相の立場で、象徴天皇の環境整備を細かく申し入れていたようだ。しかし、天皇は国民の目を強く意識しておられた。ことに「隠れた輿論」という指摘は、天皇の政治性を思わせる。

　また、片山は宮内府（現宮内庁）の人事改革と東宮職廃止も進言していた。やはり木下文書のなかで、昭和天皇は東宮職廃止は反対しているが、宮内府刷新には同調的で、「片山は予の革新思想を側近が阻止していると思っておるらしい。しかし、振り子の原理に順《したが》ってこれを急がないのである。改革を好まぬ者はむしろ宮内府の下僚や外部にいる。首を切られても少しも恨まぬという様な人物は中々いない。淘汰《とうた》もやはり振り子の

原理によるを可と思う」

と片山に言い含めておられる。

無理をしない、が昭和天皇の人生哲学だったと思われる。「振り子の原理」の繰り返しが裏書きしており、政治運営にもそれを期待されたことは木下文書で明らかだ。

岸信介や田中角栄を、昭和天皇はあまり好まれなかった、という風評がいまも政界に残っているのは、独断専行型のやり方が、天皇お好みの「原理」とそぐわなかったからかもしれない。

「左派の入閣はどうか」

いまでも、昭和天皇とのやりとりを公表することに、政治家は慎重である。どこまでが政治がらみか、の線引きがむずかしく、へたに漏らすと批判を招くおそれがあるからだ。一方、相づちを打たれる際の天皇の短い反応語にしても実は相当多彩である。

「ああ、そう」

がもっとも一般的だが、一九八二（昭和五十七）年夏、那須の御用邸で昭和天皇と約一時間清談したことがある政治評論家、細川隆元の記録によると、さらに、

「ああ、そう、そう」

「あ、そう」

「ああ、そーう」

「ああ、そう、そうか」

「あ、そう、ふーん」

「ああ、そう、うん」

「うん、うん」

「うん、そう」

「うん、そう、そう」

「うん、そーか」

などと、微妙に変化し、ニュアンスも違ってくる。

「同感の時には、体を乗り出すか、『そう』のところが『そーう』と長くなることを私ははじめて感じとった」(『天皇陛下と語る』)

と細川は書いている。政治家たちも同じような聞き分け方をしてきたに違いない。

しかし、昭和天皇が言葉少なになるのは終戦からかなり時間が経過してからで、戦後まもないころは必ずしもそうではなかった。片山哲と細かな議論があったらしいことは前に触れたが、歴代首相のなかで、天皇とのやりとりを記録として残しているのは『芦田均日記』だけである。

民主党総裁の芦田が片山短命政権のあと、外相から首相に転じたのは一九四八(昭和二十三)年三月十日、やはり民主・社会・国民協同の三党連立政権だった。『日記』によると、この日、芦田は、

「特に拝謁の上、御言葉を賜はることになつてゐた。設けられた椅子に腰を下すと先づ自分から進んで言上した」(原文のまま)

という。以下、やりとり――。

「芦田は国会の指名を受けて大任を拝することになりました。時局は誠に重大であり、前途は困難と信じますが、一切の毀誉褒貶《きよほうへん》を度外視して全力を尽し宸襟《しんきん》を安んずることに努力いたします」（芦田、ここで涙にくれ、天皇一時顔をくもらせる）

「共産党に対しては何とか手を打つことが必要と思うが」

「共産党の撲滅は第一には思想を以てしなければなりません。共産党といえども合法政党でありますから、非合法手段をとる場合でなければ手をつけることはできません。進駐軍にしても本国のような法律が日本にない以上、進んで弾圧をするわけにもいかないのでとかく控えがちであります」

「左派の入閣はどんな影響があるか」

「容共左派でないかぎり、加藤（勘十・労相）野溝（勝・国務相）の程度ならば、大きな影響はありえないと存じます。左派の入閣はかえって左派を穏健にするゆえんでありましょう」

加藤らは社会党左派のなかでも、鈴木茂三郎、黒田寿男らと対立する現実左派で、芦田支持に固まっていた。昭和天皇は芦田に対し共産党と社会党左派の左翼勢力排除を間接的に求めたと受けとれるが、それは時代状況を反映している。

四八年という年はＧＨＱ（連合軍総司令部）の対日占領政策に重大な変化が起こりつ

つあった。有名なマッカーサー書簡がだされ、官公庁労働者の団体交渉権と争議権を剝奪する政令二〇一号がだされている。その前年十月、コミンフォルム（ソ連はじめ欧州九カ国の共産党連絡機関）が設置されてから、いわゆる冷戦は日ましに激化し、朝鮮半島の北側には金日成共産政権が生まれ、中国大陸では共産軍の勝利が決定的になっていた。

米国は日本を対ソ冷戦体制の前線基地に仕立てる政策に転換し、国内政権の性格も「反共的な中道政権」を強く求めたのである。昭和天皇は、占領政策のトップに立つマッカーサー元帥と前後十一回も会われ、内外情勢を熟知されていた。芦田への発言には、そうした背景がある。

さらに、宮内府長官と侍従長の更迭問題で昭和天皇と芦田の綱引きが続く。片山時代からの宮中改革がからんでいた。『日記』によると同年五月十日、芦田は後任長官に田島道治（昭和銀行頭取、貴族院議員）を推すが、天皇は即答されない。現状維持か、小泉信三（慶応大塾長、皇太子教育係）の起用を考えておられた。この席で芦田は言う。

「新憲法によって国務の範囲が限定せられ、旧来のように各大臣が所管政務を奏上致さないことになりましたが、しかし、陛下に対する閣僚の心持ちには毫末《ごうまつ》も変わりはありません」

「それにしても芦田は直接に宮内府を監督する権限を持っているから、時々来て話してくれなくては……」
「左様致します」
きわどい応酬だ。人事はもめる。芦田は侍従長の後任に三谷隆信（駐仏大使、学習院次長）を内定するが、五月二十九日の『日記』には、
「陛下から色々苦情を申された。私は政府をやめようかと　瞬時考へたことがあつた位だつた」（原文のまま）
とある。同日の『入江相政日記』は、
「芦田総理の拝謁、いよいよ最悪の事態になつたらしい。馬鹿げた事である」（同）
と記されている。この表現に政府と宮中のギャップが露出していた。人事は結局、天皇が譲歩され、六月五日、田島、三谷の認証式が行われた。
「陛下は厳格な顔をして居られたが、私は自分の考が皇室の御為めになると確信してゐたから平然としてゐた」（同）
芦田はイエスマンという批評が多く、昭電疑獄に見舞われ、わずか七カ月で総辞職、逮捕された（のち無罪）。しかし、きちょうめんで、エリート外交官出身の保守進歩派らしく筋を通すところもあった。昭和天皇とのやりとりからも、その片鱗がうかがえる。

手術前日「国会、どうだ」

国会と天皇陛下の接点は、まず、通常、特別、臨時各国会が閉幕するたびに、数日後、衆参両院議長がそろって宮中に報告にでかける。衆院、ついで参院議長が、一メートル四方のテーブルをはさんでイスに腰かけ、天皇陛下と向かい合う。事務方が書きものにした、その国会の主なできごとを読みあげ、報告するだけだ。天皇が二、三質問する。あわせて十五分からせいぜい二十分——。

木村睦男は一九八三（昭和五十八）年八月、参院議長に選ばれたが、翌八四年六月に通常国会が終わり、最初の報告に出向いた。そのなかで、木村が、

「目下、参院では、参院改革について話をすすめています。主に通常国会を十二月召集から一月召集にしよう、採決を押しボタン式にしようということが課題になっております」

と述べると、昭和天皇が尋ねられた。

「私が開会式に行くのは、いつも一月下旬だね」

「そうでございます」

「一体、その間、国会は何をしているのだね」

「すぐ正月になって休みがきてしまいますので、その後に陛下のお言葉をいただくことになっております。ただ、一カ月は実際には無駄になっておりますので、能率の面から言っても望ましくありません。参院では与野党とも、一月召集に異論がなくなってきておりますが、これには国会法の改正が必要でございます。いま、衆院の方に検討するように言っております」

「うん」

問答はそこで終わった。国会運営の非能率を婉曲《えんきょく》に突かれた形だった。

「一カ月間何をやっているか、陛下はご存じだったと思います。どう私が答えるかと思って聞かれたんじゃないですか。私は三年間の議長時代、八回くらい行ったのかな。衆院議長は福田一さん、福永健司さん、坂田道太さんの順でいっしょだった。大体、話が終わると、陛下は何も言わずに黙って、こう首をうなずくようにされるわけです。それでこちらも『あっ、もう時間なんだな』と解釈して、黙って下がる。『じゃあ、これで』とかいうことは言われない。

政治的な発言は慎んでおられましたね。むしろ、こちらに気を使っておられる。『私はこう思う』というようなことは聞いたことがない。とにかく、国会のことは実によく知っていて、新聞もよく読んでおられた」

と、木村は言う。

また、木村は「天皇と酒」の話を記憶している。年に一回、通常国会終了後に、衆参の正副議長と常任委員長が宮中の茶会に招かれるが、ある時、昭和天皇が雑談でお酒に触れられた。

「実は私は若いころから酒は飲まない」

「どうしてですか」

と木村が聞くと、

「子供のころ、侍医から酒を飲まされて、酔っぱらってひどい目にあったことがある」

「随分、大胆な侍医がいますね」

と大笑いになった。これは、昭和天皇がお好みの話題で、いろいろな席でされている。

「私がお会いしたころは、もうお年ですし、一人の人間としてまったく完成されていたと思います。非常に親しみを受ける一方で、怖いというのじゃなくって、威圧感がありましたね。いろんな経験も積まれて、反省もされて」

と木村は言った。

ところで、昭和天皇が腸の疾患治療のため開腹手術をされたのは一九八七（昭和六十二）年九月二十二日朝。たまたま、その前日は当時の衆院議長、原健三郎が臨時国会終

了の報告をする日だった。原は事前に、

「こういう時ですから奏上はしなくてもいいと思いますが、延ばされてはいかがですか」

と藤森昭一宮内庁長官に問いあわせたが、

「遠慮はいらないから予定どおりにやってほしい」

という返事だった。

「これはびっくりしたね。こっちは気を利かしたのだが。それで参院議長と行った。ご説明のあと、ご下問が大抵あるんだが、今日はお疲れなんでないものと思っていたら、あった。『えらいもめたようだが、どうだ』と聞かれた。なんの法案だったかは忘れてしまったが、病をおして、えらい人やと思ったな。普通の人じゃ務まらんよ。偉大な天皇であることを痛感した。とにかく、政務に熱心なんだよ。ぼくらなら、ええ、いいわ、適当にやっとけ、ちゅうようなもんだな。『甲論乙駁でございましたが、無事に通って、国会も終了致しましたので、ご安心ください』とお答えした」

と原は言った。中曽根政権の末期、原が忘れたというのはマル優廃止法案のことだ。

原には、ヘリ問答がある。十年前、国土庁長官の時に、千葉の災害視察にヘリで出かけたあと午餐会に招かれ、

「下を行ったら三時間でも足りないのに、三十分でした」

「ヘリコプターは落ちないかね」

「絶対落ちません。陛下も一度お乗りになられたら……」

と原がすすめると、昭和天皇は大声で、しばらく笑い続けられた。

また、衆院議長は、国会で新首相が指名されると、やはり報告に行く。原の時は、八七年十一月。

「竹下登が衆議院本会議において総理大臣に指名されました」

と昭和天皇にご報告した。

「余分なことは何も言われない。『今度の総理はしっかりしているか』なんていわんよ。ごく形式的なものだ」

と原は言ったが、別の首相指名の時、報告の議長も別だが、天皇は、

「××（首相の名前）とは、どんな男か」

と聞かれたという。知っているのに聞かれたフシがあった。この話は政界にひそかに流布され、首相の資格に対する天皇の懐疑的な言辞ではないか、と受けとられた。

「雑草という草はない」

政治家との対話のなかでも、生物、植物についてのご発言が目立って多い。

前衆院議長、田村元の体験から。一九六六（昭和四十一）年の初夏、通常国会が終わって、恒例の宮中午餐会のお招きがあった。当時の衆院議長は山口喜久一郎、議運委員長が塚原俊郎、田村は建設委員長である。

「きょうはすごしてもよい」

ということで、国会首脳陣大いに飲んで、昭和天皇と談論風発、軽口もとびだした。山口が植物について質問を連発し、天皇がよどみなく答えられるが、例によって一滴も飲まれない。山口が、

「陛下、万年青《おもと》（ユリ科の多年草）なら負けません」

と言うと、天皇は、

「山口の万年青は観賞のほうであろう」

といなして、笑われた。山口は「万年青観賞の会」の会長をしていて、天皇はそれを

知っておられたのである。田村の記憶によると、

「陛下が言われたのは、山口のは観賞用の植物論であって、サイエンスではない、ということだったと思います。『植物といえども生物であって、思いつきで論ずるべきものではない』というようなこともおっしゃった。笑いながらだけど」

という。山口は自分のおでこをポンとたたいて言った。

「いやいや、恐れ入り奉《たてまつ》りましてございまする」

雑草談議も残っている。三木政権で安倍晋太郎（故人・元自民党幹事長）が農相をつとめた時だが、昭和天皇のご旅行先で、案内役に立った安倍が、

「ここから先は雑草です」

とご説明すると、天皇は、

「雑草という草はない」

と異議をはさまれた。その話が政界に広がり、のちに田村が運輸相で内奏した折に持ち出して、

「非常に感動致しました」

と言うと、天皇はこう述べられた。

「そんなに感動されても恥ずかしいのだけれども、ただ、雑草というのは人間のエゴからつけている呼び名である。かわいそうだよね。猛獣という言葉もあるけど、ライオン

昭和45年、那須御用邸近くを散策される天皇ご夫妻

やトラから見たら、一番の猛獣はあるいは人間かもしれないね」

さらに、次のようなやりとりも田村から。

「私は切り花が嫌いでございます。ハンティングもそうです。生活のためなら仕方がないでしょうけれども、興味本位で殺すということは、釣りでも嫌いでございます」

「いまのは私のコメントはしないでおこう。釣りもハンティングもそれぞれにみなマニアがおることだし、切り花も各流派があって、その人たちに悪いからね。いまは田村に相づちを打たないでおこう」

と天皇はうれしそうに笑われた。

内奏について、田村は、

「狭い部屋に小さなテーブルがあるだけで、侍従も立ち会わない。何の記録もない。ですから、内奏というのは、陛下か、内奏申し上げたものがしゃべらないかぎり、永遠の謎なのです。運輸相の時、最初、三十分ということで伺ったんですが、入江侍従長が『陛下はこの後少し時間があるんだけれど、軽く手の甲をお口へ当てられたら、アクビだから早々に打ち切ってもらって結構だ。興が乗ってこられると、まだ何か言いたいことがありますか、とおっしゃるから、構わんからどんどんやってくれ』と。そこで、ご指定の時間がきたので『私はこれで失礼致します』と言ったら、『まだ何か言いたいことありますか』とおっしゃる。ああきたな、と思って続けた。さらにもう一回『まだ何か……』。結局一時間五十分になり、最後は逃げるように帰ってきましたよ。陛下に悪くてね。話す内容は生物学のようなサイエンスでない限りは、それほど専門的な話をされるわけではない。何べんもお目にかかる機会があったが、立法、司法、行政のいわゆる三権に関する意見はいっさい述べられなかった」

田村と同様、内奏時間が予定をオーバーした、という話は何人からも聞いた。昭和天皇は話し好き、聞き上手だったと言える。

やはり、田村が運輸相の時、

「最近は航空運賃よりグリーン車の方が高くなりまして困っております」

「あ、そう。ところで大臣、グリーン車とは何かね。私は物心ついてから一般の鉄道に乗ったことがないので知らない」

そこで、田村がうんちくを傾けて、ということもあった。世俗離れと好奇心。しかし、新聞・テレビをたんねんにご覧になった昭和天皇が本当にグリーン車を知らなかったかどうか疑わしい。それを誘い水に、鉄道の話をされたかったのかもしれない。

もう一つ、植物の話。ご病気が重くなられ、鏡で月を見ておられたころである。中曽根元首相が、藤森宮内庁長官を通じて、お見舞いに野草を届けた。普通の花では陳腐だと思い、野草を吟味して集めたのである。天皇はそれを見て、

「ヒカゲノカズラ（日蔭蔓・常緑シダ植物）がそこにあるね。どこから採ってきたもの

だろう」

と言われた。侍従はわからない。しかし、中曽根からのお見舞いだから選挙区に育った野草にちがいないと早合点して、

「北関東あたりではないかと思います」

と答えた。昭和天皇は黙っておられた。多分、生育地を知っておられたのだろう。あとから調べたら、東北地方の野草だった。

〝電気にかかった〟鄧氏

中国の賓客、鄧小平夫妻が日本にやってきたのは一九七八（昭和五十三）年十月二十二日。鄧の肩書は副首相だが、中国を代表する最高実力者として日中平和友好条約の批准書交換に立ち会うためだった。

戦後はじめて日本が迎える中国要人である。翌二十三日朝、鄧小平は迎賓館での歓迎行事のあと、首相官邸大ホールで行われた批准書交換式に福田赳夫首相らと臨み、宮中へ。昭和天皇との会見は、皇居「竹の間」で午後零時十五分から二十分間、写真撮影、双方の贈り物の披露などもあって、二人の話は正味十二、三分だったという。

あとで、同席の湯川盛夫式部官長が明らかにした会見内容は次のようなものである。

まず昭和天皇が、

「忙しいところ、わざわざ来てもらってありがとうございます。特に、今日は平和友好条約の批准書交換がすんで大変喜ばしく思います」

と述べられ、鄧小平が――。

「今度の条約は想像以上に大変意義深いものです。過ぎ去ったものは過去のものとして、前向きに今後、両国の平和関係を建設したいと思います」

「両国の長い歴史の間には一時、不幸な出来事もありましたが、それはお話のように過去のものとして終わって、これからは長く平和な関係で両国の親善をすすめてほしいと思います」

さらに、

「まったく陛下のおっしゃるとおりで、同感でございます」

「お元気ですね」

「私は七十四歳です。陛下はもっとお年ですが、お元気ですね」

などの儀礼的やりとりがあった。この会見について、当時、湯川式部官長は、

「中国側は過去のことは言わないと言っていたのに。過去のことはほんの少し出ただけで、将来のことを話す時の枕言葉程度の響きだ。会見は非常になごやかだった」

と説明を加えている。しかし、なごやか、という表現が必ずしも正確でないことが分かってくる。

湯川が鄧の「過去」発言にこだわるのは理由があった。事前に外務省、宮内庁、在日中国大使館の三者が話し合い、①天皇陛下と外国要人の会見は通常あいさつ程度②天皇は政治の外にある③戦争などに関し天皇が発言されると政治問題化し、日中友好関係に

昭和53年、鄧小平中国副首相を皇居に迎えて

影響がでる――という日本側の立場を中国側は了解していたからだ。日本側は、この時も、長年の慣例に従って、簡単な「あいさつ程度」のシナリオを用意していた。

ところが、鄧が「過去」発言をしたために、それに触発されるような形で、昭和天皇の「不幸な出来事」発言がとびだしたわけで、予定にないハプニング、と湯川は言いたかったのである。天皇発言の余波を気づかっている、と映った。

しかし、実際の会見の模様は逆だったらしい。鄧小平の顔をみるなり、昭和天皇の方から、

「わが国はお国に対して、数々の不都合なことをして迷惑をかけ、心から遺憾に思います。ひとえに私の責任です。こうしたことは再びあってはならないが、過去のことは過去のこととして、これからの親交を続けていきましょう」

と謝罪の気持ちをこめて語りかけたという。瞬間、鄧は立ちつくしていた。一部始終をみていた入江相政侍従長は、

「鄧小平さんはとたんに電気にかけられたようになって、言葉がでなかった」

と、のちに何人かに話している。しばらくして、鄧は、

「お言葉のとおり、中日の親交に尽くしていきたいと思います」

と応じた。少なくともこの冒頭場面は、なごやか、というようなものではなく、緊迫のシーンだった。

宮中での午餐会をすませて、いったん中国大使館に戻った鄧は、大使以下を集めて、

「今日はびっくりした」

と会見でのショックを語ったという。

ところで、この話を入江から聞いているのは、中曽根康弘元首相、橋本恕駐中国大使（日中復交当時の外務省中国課長）、田中清玄らである。

橋本は、

「あの中国革命に最初から最後まで参画していた鄧小平が、本当に体を震わせていた、と入江さんは言っておられた」

と言う。

また、田中清玄は、鄧小平来日の二年後、鄧の招待で訪中し、一時間半会談した。田中は共産党から転向したいわば反共実業家で、中東や中国、東南アジアに広い人脈と情報網を持ち、この時も「サウジと中国の橋渡しか」とうわさされた。

鄧との因縁は古く、一九三〇年、田中が武装共産党の中央執行委員長として佐野学とコミンテルン（一九一九年、レーニンによって創立された各国共産党の統一組織）の会議に参加した時までさかのぼる。中国からは周恩来がコミンテルンの極東部長で出席していたが、半世紀を経て、八〇年に会うと鄧は、

「あの時のことはよく覚えている。私は周恩来同志の秘書でつきそっていた」

と言った。田中が入江から聞いた昭和天皇との電気ショック事件を持ち出したところ、鄧は、

「そのとおりですよ」

と答えた。以来、田中はやはり鄧の招きで都合六回訪中しているが、日本から要人がくるたびに、鄧は、

「陛下はお元気ですか。陛下によろしくお伝えください」

と伝言を忘れなかったという。昭和天皇と鄧小平の人間的なきずなを思わせる。

中曽根によると、

「中国、韓国に対しては、天皇は贖罪《しょくざい》の気持ちがものすごく強い。何度もお会いして、それを強く感じましたね。同じような調子のことは、全斗煥韓国大統領がこられた時（一九八四年九月）にも、天皇は言われている。鄧小平の時の方が強く言われてますね」

と言う。日本側がそれをありのまま公表しなかったことについて、田中は、

「『数々の迷惑』と陛下は言われたが、迷惑をかけたのは軍人と官僚、それを担いだジャーナリズムと一部の事業家でしょう。彼らは旧悪をだされるという感じを持つわけですね。それが陛下に発言させない大きなブレーキになっているんじゃないか。日本にとって、これは最大のマイナスですし、怖いことだ」

と指摘した。

「私は中国に行きたい」

昭和天皇と鄧小平のドラマチックな出会いは前章で記したが、それより六年前の一九七二（昭和四十七）年九月に日中の国交関係は正常化した。復交の大仕事を仕上げた当時の首相、田中角栄は、引き続き天皇の中国ご訪問を実現させようとしている。「天皇陛下に行っていただければ『戦後』が完全に終わりを告げるのだ」と周囲にもらしていた。しかし実現しない。宮内庁長官の宇佐美毅が強硬に反対したからだった。宇佐美は二代目長官で、一九五三（昭和二十八）年から四半世紀近くもつとめたが、天皇の政治利用には敏感に抵抗の姿勢を貫いた。しかし、なにをもって「利用」とみるかはむずかしく、国会でも論議になってきたが、政府と野党の見解はすれ違いに終わっている。

天皇の政治利用が目立ちだしたのは田中政権ごろからといわれる。とりわけ、天皇の外交的活動に対する歴代政府の期待は、日本の国際的地位の高まりとともに強まった。外国元首を接待したり、外国を訪問したりする、いわゆる皇室外交と、

「天皇は、この憲法の定める国事に関する行為のみを行い、国政に関する機能を有しない」(憲法第四条)

という規定とのかねあいはどうなるのか、という疑問は残されているものの、現実には賓客の皇居訪問がなくてはならないものになっている。

さらに、一九七三(昭和四十八)年六月の国会答弁で、田中角栄首相は、

「元首である天皇にお目にかかりたい、拝謁を願いたい、という申し入れがございますので、外国人は日本の天皇を元首と考えておる。憲法上も元首ではないというような規定はないわけですし、国民の統合の象徴として代表者であるという意味で、そういう二段構えで言うと、元首と言っていっこう問題はない」

とまで述べている。外国の天皇観をテコに、元首的な扱いを定着させようとする考え方だ。

昭和天皇のご外遊の方は、欧州(七一年九月)につぎ、三木政権時の米国訪問(七五年九月)が最後になった。しかし、天皇はその後も中国訪問に執着された。

日中復交から十年が過ぎ、一九八二(昭和五十七)年十一月中曽根政権になってからまもなく、中曽根康弘首相は昭和天皇にご外遊のお伺いをたてている。

「陛下、いかがお考えですか。まず沖縄に行っていただく必要があります。韓国にもおいでいただかなくてはなりません。それから中国という順番になろうかと思います。い

かがおぼし召しですか」

「私は中国に行きたい。しかし、政府はいろいろな関係があるから、諸般のこともよく考えて、取り扱うように」

「陛下のお体のこともございますし……」

「私は行きたい」

と訪中の熱意を明確にされたという。しかし、中国、韓国はもちろん、沖縄行きも結局は果たせなかった。

ところで、外国の客人に対する昭和天皇のサービスぶりは定評がある。

一九五八（昭和三十三）年五月、イランのパーレビ皇帝がやってきた。たまたま第三回アジア競技大会が東京を舞台に開催中で、皇帝が、

「イランの選手もきているが、日程が立て込んでいて見にいけません」

と言うと、天皇は大会の模様を報じるテレビニュース番組の時間表を全部並べて、

「これで見られますから」

と答えられた。

通訳をした当時の式部官、和田力（元駐イラン大使）によると、

「そのころテレビのチャンネルは三つぐらいあったと思うが（NHK、日本テレビ、KRテレビ＝現TBS）、陛下はNHKの何時何分、どこそこの何時何分とアジア大会のニ

ュース時間を全部おっしゃったんで、びっくりしましたね。ご自分でチャンネルを回しておられたんだと思う。とにかくきちょうめんなんですね。だから、いい加減なことを言うと、それは違うぞ、ということになるわけですよ。私も式部官で半年いる間に六十回通訳をやりましたが、陛下はほんとに温かい方です。初めて会った人は最初にカチンカチンになっているが、みんな感激して帰っていく。大した話題がない時でもそうでしたね」

と回想した。

また、八四（昭和五十九）年一月、北ボルネオの君主国、ブルネイが完全独立した時、国王は初の公式訪問国に日本を選んだ。人口二十四万余の超ミニ国家だが、日本はブルネイ産原油の五割、液化天然ガスの全量を輸入する深い関係にある。

この年四月来日したボルキア国王の一行には王女がたくさんついてきた。イスラム教国で夫人が二人いるから、王女も十四、五歳から十七、八歳くらいまで五、六人。天皇は迎賓館ではじめてあいさつをかわす時に、王女一人一人と趣味の話などを持ちだし、歓迎した。その情景を目撃した当時の外務省アジア局長、橋本恕（のち駐中国大使）は舌を巻いたという。

「まったくの初対面ですから。もちろんご進講の時に、あらかじめ資料はお渡ししてあるのだが、写真の顔と趣味などをすべて頭に入れられたうえで、臨んでおられることが分かったんだ。首脳会談の時に、総理が相手国のトップやその夫人について、いろいろデータを頭に入れておくようなことは、やりますよ。しかし、連れてきた小さな子供に対してまで、というのは、大変なことだ。戦後、陛下は多くの外国の要人に会われたり、食事をともにされたが、お相手の個人個人についてすさまじいほど勉強される。陛下は本質的に科学者であり、合理主義者であり、人間に対する人変な関心の持ち主であり、加えて抜群の記憶力の持ち主だったと思いますね」

と橋本は言った。

「円高よい」発言の風聞

うわさと真相を見分けるのが、天皇取材の場合、むずかしい。コンファーム（確認）がしにくいからだ。昭和天皇をめぐる、あるうわさの周辺をご紹介しておきたい——。

それは、ニクソン米大統領が、ドル防衛策のため、ドルと金の交換を一時的に停止すると発表（一九七一年八月十五日）したころの話である。米中の突然の和解につぐ二度目のニクソン・ショックだった。通貨不安が広がり、日本がついに変動相場制に移行したのは八月二十八日。円を切り上げすぎれば不況になる、倒産する、と日本中が騒然としていた。当時、官房長官だった竹下登も、最近になって、

「正直なところ、佐藤首相はじめ私たちも国際通貨の問題はあまりよく分かっていなかった」

と告白しているように、だれにもよくのみ込めないところがあった。

そのころ、水田三喜男蔵相が那須の御用邸で、昭和天皇に変動相場制移行の内奏をしたところ、天皇から、

「円高は円が強くなることだから、いいのではないか」

と言われ、水田は目からウロコが落ちたような気がした、という風聞である。水田は十四年前に死去して確認のしようがないが、いまでも「経済に強かった天皇」の証《あかし》として、あちこちで時折、話題にされる。

さて、当時の蔵相秘書官、鈴木達郎（のちJT専務）の証言はこうだ。

「そういうふうに（天皇は）言われた、ということになっているようですが、どうも判然としないんですよ。私は確かにあの時の内奏についていきまして、車の中で水田さんがその話をしたんですが……。あの当時は、円の切り上げで、輸出が減るということで、国民もよくわからなくて、大騒ぎになっている時でしたからねえ。水田さんは、陛下に『どうしてだめなのかね』と言われた、というようなことはおっしゃったように記憶しているのですが、もともと水田さんもユーモアを交えて話す方でしたから。疑問の形で陛下が質問されたのが、なんとなく伝えられるうちにだんだんと変わっていったのではないか、と思うんですよね」

鈴木の推測のように、単純なご質問だった、ということなら、それだけの話でしかない。さらに深い事情は、当時、大蔵省財務官で、通貨政策を一手にさばいていた細見卓がもっともくわしいだろう、と関係者の見方は一致していた。以下は細見と記者（政治部・岸本正人）との一問一答である。

よ」

——天皇のいわゆる「円高発言」の真相を教えてほしい。

「まあ、やめときましょうや、まだ。天皇がそんな知恵があるはずないし、為替のことなんかわかるわけないし、だれかがアドバイスしたというのが、そのうち出てきますよ」

「という話ですけどね。言われる前に、だれが何を（天皇に）言っとるかわからんじゃないですか。ウラがとれないでしょ。フィクションとしてはおもしろいでしょうが」

——しかし、天皇はそういうふうにおっしゃっているわけでしょ。

「と言われてますけどね。口頭だから何の記録もないでしょ。で、それは（天皇が）水田さんに言われたという話じゃないですよ。そもそも、そのへんから違っている」

——でも、水田蔵相はそう言っていたんですか。

「それはウソです。もっと早い、切り上げ騒動が起こる前ですよ。一方的だからね。天皇の話ってのは。相手からコンファームできないから。だって、お金を使ったことのない人でしょ。使わないで、お金のことがわかりますかねえ」

——那須の御用邸の時、というのは間違いなんですか。

「そうだろうと思いますよ」

——だれかからご進講を受けて……。

——ご進講を受けて、その知識を知ってらして、どなたかにそういう質問をされたと。

「それはありうることでしょ。質問というか、意見を言われたということはあるかもしらん。うん、それはあると思いますよ」

――（天皇が）どなたに言われたか、ご存じなんですか。

「それは知ってますよ」

――内容は「円が強くなるんだからいいんじゃないか」という……。

「いやいや、それに近いことですけどね。しかし、経路が違う」

――相手は総理ですか。

「うーん、総理とか大臣とか、お二人のどっちかですよ」

――それがどなたかは言えない。

「それは、まあ、ですから伝聞の伝聞になるわけですよ。電話で連絡があったとかないとかいう話ですからね。どこまで本当かわからないんですよ」

――電話連絡というのは……。

「（連絡してきた）本人はおそらく天皇に会っておられるんでしょう」

――当時の首相は……。

「佐藤栄作さん。で、佐藤さんは、その時はもう、軽井沢でゴルフをしていたわけですよ。だから、わかんない」

――その時というのは。

「だから、水田さんに（だれかが）電話をかけてきた時には」

——水田さんのところから、いろいろ広まっていったんですか。

「話にね、尾ひれがついていくわけですよ」

——「目からウロコが」というのも尾ひれの部分ですか。

「尾ひれがつくと、いい話になりますわなあ。歴史って、そんなもんですよ」

細見の言いにくそうな証言から類推すると、昭和天皇の「円高発言」は、ご進講者↓天皇↓佐藤（電話で）↓水田の経路で伝わったらしい。「目からウロコ」はだれかの脚色だろうが、それが信じられれば、切り上げ騒動の鎮静に役立った、とも言える。「天皇発言」の利用価値が計算されていた、とみられないこともない。

「ソ連はアフガンとる意図」

昭和天皇の国際通ぶりは広く知られている。これまでは歴代首相ら政治指導者と外国要人とのかかわりを中心にみてきたが、「昭和天皇と世界」に目を移してみたい。

戦後、天皇が国際問題について主として語ったのは、外務省高官によるご進講の場である。歴代の同省情報文化局長、いまは外務報道官が定期的に宮中に出向いて世界の動きを報告し、ご質問やご意見に答えてきた。

柳谷謙介元情文局長（のち国際協力事業団総裁）もその一人だが、ご進講のスタイルは柳谷によると、次のようなものである。

「私の場合は、一九七六（昭和五十一）年はじめから二年間、週に一回、宮中の『鳳凰の間』でやりました。一回だけ那須の御用邸です。宮中では表の行事と奥の行事を区別している。総理大臣、国務大臣の内奏とか認証式、大使の信任状奉呈式は全部表の行事ですね。それに対して、奥の行事であるご進講というのは非公式で、陛下が日常ご関心を持たれている国際情勢について、しかるべき者から話を聞く。ですから陪席するのは侍従長だけで、政府の考えはこう、外交交渉の経緯はこうなっている、という話もでますけども、それよりも情文局長である私が観察している国際情勢の見通しについて申し上げるわけで、外務省公式見解ではない」

「ご進講の時は、いろんな歴史を経てきた方だから特にそうだったんでしょうが、非常にリラックスされていて、率直にお考えになったことを話されたり、疑問に思ったことをおっしゃったり、ということで、人間的なというか、距離も近いところでお話しになっていますから、陛下の人柄とか、ご関心のあることとかをよく感じとれたと思いますね。何にご興味があったというよりも、世界に起こっているすべてのことに非常に鋭敏なご関心があるというのが第一ですね。帝王学というのか、普通の人は自分に興味のあることはさかんに質問もしますが、あとは聞きっ放しというのが当たり前です。しかし、陛下は、三つのテーマをお話しすれば、必ずその順番で三つのことにご質問される。そりゃあ多少興味の強弱はあったでしょうけど、どんなことでも吸収しようというところがありましたね」

なかでも、戦争と平和、の問題に昭和天皇は強く関心を示された。ソ連がアフガニスタンに侵攻したのは一九七九（昭和五十四）年十二月二十七日である。当時の情文局長は天羽民雄（のち青山学院大教授）。天皇は天羽に、

「ソ連は結局（アフガンを）とってしまうハラなんだろう」

とよく言われた。

「僕は『そのとおりでありましょう』とも言えませんでしたが、陛下は、ははあ、ソ連がやっているなと。時間稼ぎで既成事実化して、居すわっちゃおうとしていたのだから。陛下は早々と見越している。その点だね、日本の一部の学者や政治家ではかなわないところなんです。だから、そういうことを陛下とお話しするとビンビン通じて気持ちがいいんですよ。知っておられるから、裏が読めるんです。

ソ連はけしからん、というお気持ちは（陛下に）あったでしょうね。ソ連という国はしたたかで、一度食いついたら放さないというお気持ち、簡単に引っ込むはずがないというお気持ちを持っていましたね。それから、西側はどこまで力を持っているのか、という昔からのお気持ちが増幅されたかもしれませんよね。一種の悲観論ていうのかなあ。歴史的なところからきますよねえ、西側はいろいろやっていましたが、すぐにはどうにもならない、一喜一憂しないというお気持ちは持っていましたね」

天羽は「お気持ち」という言葉を挟んで、天皇の心中を推測するような間接表現をとったが、多分それに近い見解を、天皇は直接語られたのだろう。

イラン・イラク戦争は翌八〇年九月に起きた。ご進講役はやはり天羽。天皇は、

「ホメイニは一体何を目的にやっているのか。膠着状態に結局なるんだな」

としきりに言われた。天羽によると、

「これは、ただお聞きになっていることが多かった。もちろんホメイニの話が中心でしたが、フセインのこと、バース党のことも話したのを覚えています。パーレビ皇帝が放浪されている時で、気にかけていらっしゃいました。陛下が言われるように、結果は膠着状態になったんですがね。あの地域では、トルコの動きに興味を持っていましたね。オスマン・トルコの時代から大国だったし、皇室との関係もある。バルカン地域で重要な国だし、普通の人と違う点で、トルコに関心が強かったですね」

いま一つ、天羽の印象に強く残っているのは、「西側の没落」論である。天皇は、西側の爛熟《らんじゅく》ぶりを気にされ、

「ローマ帝国の末期のように、西側は蛮族にむしばまれて、滅ぼされやしないか。いつまで続くんだろうか」

ともらされたことがある。

「そういうことを、ちょこっ、ちょこっと話されるんですよ。まあね、蛮族というのは、ソ連圏のようなものなんだろうけど、七〇年代というのは、ブレジネフ（当時、ソ連共産党書記長）が軍縮ということでカーター（同、米大統領）をだましながら、中南米とか、アンゴラ、エチオピアと広がっていったのですから。口ではいろいろ言っても、アングロ人は戦おうとしないわけですよ。ハンガリーだって、プラハ、ブダペストも同じこと、それで最後にアフガニスタンにきたから。そういう大きな話も、述懐的に言われ

ます。僕は『そのとおりになります。自由世界はひっくり返るでしょう』とは言えませんから、『仰せのとおりにならないことを望みます』とか、そういう返事になるわけです」

と天羽は言う。

昭和天皇は、ソ連に警戒的で、好感を持っておられなかった、とみていいだろう。

「サッチャーは軍艦をだすか」

英国とアルゼンチンの間で、フォークランド諸島の領有をめぐる紛争が起きたのは一九八二(昭和五十七)年四月である。サッチャー英首相の采配やいかに、と世界が注視した。


この渦中、昭和天皇はご進講に出向いた橋本恕外務省情文局長(のち駐中国大使)に、

「サッチャーは軍艦をだすか」

と尋ねた。橋本は、

「いえ、そのようなことは絶対にありません」

と断定的に答えたが、数日後、サッチャーは英艦隊の出動を命じた。当時、橋本は、

「冷や汗をかいた。もう予測的なことはいっさい陛下の前で言わない」

ともらしている。こと戦争については、天皇の関心の度合いは、首相や閣僚、防衛庁、外務省幹部らよりも深く、いつも命令権者、この場合はサッチャーの立場になって考えていた、という指摘がある。サッチャーは強硬策にでる、と天皇は読んでいたのかもし

れない。

約十年が過ぎたいま、橋本に聞いてみると、

「そのことは覚えていないなあ。人間、都合の悪いことは忘れるだろ」

と言いながら、次のようなご進講の場面でのやりとりを語った。

天皇はある時、橋本の話を黙って聞いたあとで、

「橋本は外務省の役人だから、そういうふうに言うのだろう。本当はこういうことであろう」

と言われ、ニヤッと笑われた。

「それじゃあ申し上げます。本当はこうなんです」

と言うと、深くうなずかれた。

また、

「橋本、この間はこういう説明をしたが、今日の説明はちょっと違う」

と言われたこともある。仕方なく、橋本は、

「情勢が変わったんです」

と答えたりしたという。

「明治憲法下では、役人であろうと、政治家、軍人であろうと、自分たちや政府、軍に都合の悪いことは隠して、都合のいいことばかり上奏していたのだろうと思うんだ。だ

から、この人間がいま言っていることが、建前なのか、本当のことなのか、ということについて、陛下は非常に鋭い感覚があったと思う」

と橋本は言う。そんな印象をかつて、入江相政侍従長に話したところ、入江は橋本に、

「そりゃあ分かるでしょう。戦争中のことを考えてくださいよ。陛下は軍人やお役人にだまされてばかりいたんですから」

と述べたそうだ。橋本はフォークランド紛争での失敗や入江のアドバイスもあって、ご進講のやり方を変えた。どんな国際問題についても、

「アメリカの大統領はこう言っています。ソ連はこうです。また、日本政府の声明ではこう言っておりますが、これは表向きの声明で、裏は本当はこういうことがありまして、そのまま表にだせないから、こういう形の声明になっております」

と説明すると、天皇はわが意を得たり、という顔をされた。

橋本の後任の情文局長、三宅和助（のち中東調査会理事長）も、昭和天皇のご関心が特に戦争と平和の問題に注がれていたという。

「ベトナム戦争、カンボジア問題とか、北朝鮮問題、日米、日中、日ソ関係と、その時の大きな国際問題をこちらはご説明するわけですけど、陛下のご質問が多いのは地域紛争とか、戦争と平和にかかわる問題だね。やはり、昔のご経験を頭に描きながら、質問されるんでしょう」

と三宅は言った。北方領土四島の話がでた時、三宅が日ソ双方の立場を説明すると、天皇は、

「北方四島と北海道の間にある海峡の水深は何メートルか。潜水艦は通れるのか」

と聞かれた。三宅は返答に窮し、困った顔をしていると、すっと話題を変えられたという。

「ご進講は一回が四十分から一時間、大体三分の二くらいご説明して、三分の一くらいは質問の時間にあてる。質問の仕方はどぎつくないけど正確かつ細かいから、『この点は調べまして、次回にご説明申し上げます』と、答えられないのが必ず一つ二つありますよ。陛下は非常に気を使われ、次回までに難しくて調べられないような時も『あれはどうなった』とは言われない。ぼくが『もうちょっとお待ちください』と言う前に、なんとなくそっちに話を持っていって、催促しないような格好で思い出させるというのかね。それほど相手に気を使われる」

と三宅は言った。昭和天皇との対話から感じとった印象として、三宅があげた第一は、「非常な勉強家」。レーガン米大統領が来日（一九八三年十一月）して応対に追われた直後のご進講では、お疲れが顔にでていた。早く切り上げた方がいい、と思い、

「そろそろ……」

と腰を上げかけると、天皇は、

「いや、決して疲れていないから、もう少し聞きたい」

と言われ、熱意に驚いたのを記憶している。印象の第二がハト派的発想法、第三が国際協調主義——。

「ハト派という言葉が適当かどうかわからないが、平和という観点から物事をみようとされる。質問もすべてね。それから、よその国からみて、本当にそれは大丈夫なのかという視点からご覧になっている。戦争中の苦い、苦しい体験を乗り越え、よその国の立場を重視する国際主義というのかな」

と言う。

しかし、外務省高官も、機微に触れた天皇発言は語ろうとしない。基本的には口外しない、というルールが守られている。

橋本も、

「中国問題にしろ、ソ連に対しても、ほかのことでも、非常に重大発言がいっぱいあったけどね。しかし、これは記事にならんどころか、たとえオフレコでも、しゃべってはいかんのだろうね。言えることは、国内問題であれ、外交問題であれ、一つ一つについて陛下には、実に明確なるご自分の意見があったということだな」

と言うにとどまった。

「張りぼてにならねば」

戦争と平和の問題に、昭和天皇が興味を示されたことはすでに述べたが、当然ながら「日本の防衛」にも関心を持たれた。そのことにも触れておきたい。

松野頼三が第一次佐藤改造内閣の防衛庁長官になったのは、一九六五（昭和四十）年六月である。宮内庁から内奏の希望を問い合わせてきたので、佐藤栄作首相に伺いをたてたところ、

「それはおまえの希望どおりでいいよ。ただし、一切外に漏らすものではない」

という注意があった。松野の記憶では、はじめての内奏の時、天皇は、

「防衛の基本はどこか」

とひと言だけ聞かれた。

「どきっとしたな。答えられないほど、あまりにポイントを突かれたのでね。タンクがどうの、護衛艦がどうのということなら、念頭にあるけど、もっと根源的なことだよね。その時も、さかんに『陸海空はこうです』という説明を三、四十分したあとですよ。そ

の一言で、陛下というお方は、我々よりももっと高いところから考えておられるんだな、ということを感じましたね」

と松野は言う。さらに、松野には、

「安保騒動の時は大変だったね」

とも言われた。

「そういうふうに抽象的なんです。陛下がどうこう（意見を）言われたことは私にはない。ただ、感ずることはある。陛下がどこにご注目になっておられる、とかね」

ねぎらいの言葉、ご質問などの中身やニュアンスから、天皇の意思をくみとることができるということだ。短く抽象的だから、なおさら聞く側の想像がふくらみ、思い過ごすこともあるだろう。

ところで、松野によると——。

「内奏の内容について一切言わないのは、陛下の意図を外に出すものではないということで、これは吉田（茂）さんの時からの伝統なんです。ところが、ある人がそれを破った」

ある人とは第二次田中内閣の防衛庁長官、増原恵吉。すでに知られていることだが、一九七三（昭和四十八）年五月二十六日の内奏のあと、増原は天皇発言の詳細を記者団との雑談でしゃべったのである。

それによると、自衛隊の歴史、近隣の軍事力、四次防（第四次防衛力整備計画）、基地問題などについて、増原が地図を広げて説明したあと、天皇との間で次のやりとりがあった。

「新聞にいろいろ書かれているようなこと（当時頻発した自衛隊員の不祥事）を防止し、同時に隊員の士気を高めるのはなかなか難しいことだろうが、どんなことをしているのか」

「ただしっかりやれと言うだけではうまくいきません。隊員の待遇改善についても、学識経験者の知恵を借りて努力しています。また、四次防策定でも、自衛隊員に名誉ある地位を与えることを考慮していますが、なかなか難しい問題です」

「説明を聞くと、自衛隊の勢力は近隣諸国に比べて、そんなに大きいとは思えない。国会でなぜ問題になっているのか。新聞などでは随分大きいものをつくっているように書かれているが、この点はどうなのか」

「おおせの通りです。わが国の防衛は、憲法の建前を踏まえ、日米安保体制のもと、専守防衛で進めており、野党から批判されるようなものではありません」

「防衛の問題は大変難しいが、国の守りは大事なので、旧軍の悪いことは見習わないで、いいところを取り入れてしっかりやってほしい」

これをみると、天皇発言は必ずしも抽象的、あるいは質問形式だけではなく、時によって具体的で注文調であることが分かる。当時、自衛隊員の増員を盛り込んだ防衛二法改正案の審議中だったため、「そんなに大きいとは思えない」という発言を公にしたことが、天皇の政治利用だ、と野党に追及され、増原は引責辞任した。

増原更迭の日、五月二十九日付の『入江相政日記』によると、天皇は事件を知って、

「もう張りぼてにでもならなければ」

と言われたという。また、長官交代の内奏にきた田中角栄首相は、

「そのうちにピシッとやります」

と述べた、と記されている。

松野に「防衛の基本」への疑問を示し、増原に「大きくない」と述べたのをつなぎ合わせると、昭和天皇の防衛観がいくらか浮きでてくる。これでいいのか、という印象で、戦後の防衛問題をめぐる屈折した歩みをみておられたと思われる。

日米安保体制についても、天皇の見方はかなりはっきりしていたようだ。中曽根康弘首相が一九八三（昭和五十八）年一月、最初に訪米した時、いわゆる「不沈空母」発言騒ぎが起きた。ワシントン・ポスト紙会長、キャサリン・グラハム女史との朝食会で、中曽根は日本の防衛力整備の目標として、

「日本列島を不沈空母のようにし、ソ連のバックファイアー爆撃機の侵入に対する巨大な防波堤を築く。さらに、日本列島の三つの海峡を完全に支配し、ソ連の潜水艦を通過

させず、他の艦船の活動を阻止する」

などと刺激的なことを述べたからだった。その前のレーガン大統領との会談でも、

「日米両国は太平洋をはさむ運命共同体」

と表明したため、国内では日米安保偏重姿勢と激しい批判の声があがった。

中曽根は当時のことについて、

「二月ごろだったか、『不沈空母』でがんがんやられていた時です。陛下は、雑音という言葉を使われたかどうだったか、とにかく『世の中にはいろいろな考えがあるようだが、対米関係を改善してよくやってきた。体を大事にしてしっかりやりなさい』とほめてくれましたね。陛下の考え方には、日本の伝統を守ってきている独立国の元首としての気概があるんですよ」

と語った。世論が反発をみせている時に、天皇が共感を示す。現実的な平和主義者のイメージが強い。

鳥の名聞かれ「普通の鳥」

藤山楢一が外務省儀典長と宮内庁式部官を兼務したのは一九六五（昭和四十）年である。式部官というのは、皇室の祭典、儀式、接待などを担当する式部職の職員だが、外務省から出向すると、主として通訳をつとめる。

藤山がはじめて式部官として昭和天皇に拝謁した時、天皇の声はおそろしく甲高かった。

「このたびの重責はご苦労である」

頭の上から怒鳴られたような感じがした。入江相政侍従長に、

「すごいですな、天皇陛下は」

と言うと、入江は、

「おい君、大元帥陛下だよ」

と、言ったという。

「なるほど、と思った。のちにオーストリア大使になってはじめて出ていく時、正式な

拝謁があったが、こんどは『このたびの重責、ご苦労であります』って、語尾が変わるんですよ。前に『ある』って怒鳴られたのは、宮内庁の式部官だから、これは身内の家来だという感じでしょ、大使というのは、一応家来ではあるけれども、外務省のよそ者だということで、語尾が変わったのかなと、私はそう思ってましたね」

通訳するにあたって、宮内庁から指導を受けた。

「陛下はあなたが何者だというのはよくご存じではあるけれども、しいて名前をお呼びにならない。なんか声が聞こえたら、そーっと顔を上げて、こっちに向かって話をしておられたら、あんたに話しているんだから、その時は答えてくれ。『はい、藤山はこう思います』というふうに答えてくれ」

天皇の前にでると、

「インドネシアにいたそうだな」

と、こちらを見ておられる。

「はい、藤山はインドネシアにおりました（儀典長の前任が駐インドネシア大使館参事官）」

「あれ、いやなところだろ」

ズバリと切り込んでくる。

「気候とかなんとか悪いところもありますが、ほかにも面白いところもいろいろございいます」

藤山は英語を専門に年に約四十回、三年間式部官をつとめて計百二十回くらい天皇の通訳をした。この時の挿話はなかなかに多彩で、昭和天皇の人柄が伝わってくる。

ある宴会で、マレーシア大使夫人が、天皇に、

「宮中にはどんな鳥がいますか」

と質問した。これは弱ったな、と思っていると、天皇が小さな声で、

「(鳥の名を)言ってもいいが、英語で言えるか」

と。カラス、スズメくらいなら訳せるが、あとは自信がない。藤山が、

「字引持っておりませんし、とてもアレでございます」

と言うと、天皇は大きな声で、

「普通の鳥です」

と大使夫人に答えられた。助け舟である。

また、天皇の方から、

「マレーシアでは、どういう物を食べておられますか」

と聞かれた。夫人が答える。

「まあ、普通の西洋料理で、ビーフステーキとか、そういう物を食べます」

「マレーシアっていうのは牛がいるんですか」

「私の国には水牛はいますが、牛はおりません」

「しかし、さっきステーキを食べると言ったじゃないですか」

藤山が困って、

「陛下がこう言っておられます」

と言うと、夫人は、

「ステーキ食べているのは本当だけど、みんな豪州から輸入した肉です」

きちょうめんで理詰め、一般人の会話とやや趣が異なる。

南米の某国大使が着任し、信任状奉呈に皇居にやってきた。前任がサンフランシスコ総領事だったので、英語はできるはずだが、天皇の前にでると、わなわな震えて英語がでてこない。これはかわいそうと思って、藤山は大使が言わないのに、

「本日は光栄で……」

と代弁したこともあった。また、日韓復交のあと、韓国から金東祚《キムドンジョ》が初代駐日大使として赴任した時のことだ。金はのちに外相、駐米大使などをつとめた。

藤山が金にこう言った。

「あなたは九州帝大出身だから、日本語でやられるでしょ」

「いや、オレは英語でやる」

当時、外国で韓国の人に会うと、絶対に日本語を話さなかった。へたでも英語を使っ

た。ところが、話しだしたら、九州弁の英語。それを通訳した。終わってから、天皇は隅のソファに金を連れていってしばらく雑談されている。宇佐美毅宮内庁長官が、

「おい君、早く陛下のそばに行ってあげろ」

と言うので、行ってみると、金大使は、こんどは日本語で、

「陛下、もう少し韓国の海苔《のり》を買ってください」

と場違いな注文をつけている。

「そういうことは政府とよく相談して決めましょう」

と天皇はかわしておられた。緊張で震える組から、商談を持ち込むのまで、外国大使の表情もさまざまだった。

「ヨーロッパの連中は、王室に慣れているもんだから、あまり驚かない。中南米のようなところは緊張する。とにかくヒロヒトというのは戦争もやった有名な人だということで緊張するんでしょうね。しかし、結局はみんな、誠実さというか、飾らない人柄に打たれる。これは間違いないね。それは日本人でも同じで、いっぺんご進講などすると、みんなコロリとなっちゃう」

と藤山は言った。

用意の答えに「違っとる」

藤山楢一の話のなかで、もう一つ興味深いのは、昭和天皇の最後の外遊になった訪米の舞台裏である。

天皇、皇后両陛下が十五日間の訪米の旅に出発されたのは、一九七五（昭和五十）年九月三十日。前年十　月のフォード米大統領の来日に対する答礼だが、天皇の訪米は日米修好史上はじめてのことだった。随員は首席の福田赳夫副総理ら二十二人、藤山は報道担当大使に起用され随行した。出発前、真夏の暑いさかりだったが、宮内庁では宇佐美毅長官、富田朝彦次長、入江相政侍従長、湯川盛夫式部官長と藤山の五人で連日打ち合わせをやった。経過を聞いてみると、米国の代表的週刊誌『ニューズウィーク』のバーナード・クリッシャー東京支局長と天皇の単独会見がセットされているという。藤山は、

「これはえらいことです。こんなことをしたら次は『タイム』『ライフ』『ニューヨーク・タイムズ』、全部来ますよ。とても収拾がつかなくなる。マスコミっていうのは、

一つのところをやったら『あんたのところはだめ』というわけにはいかないんだ」

と異議を唱えたが、宇佐美は、

「君が来る前に決まってるんだ。実は上からきたんで、セットずみだ」

と言う。それなら仕方ない。藤山によると、

「天皇に対する外人記者の単独インタビューは日本歴史はじまって以来でしょ。何が出てくるかわからんから、クリッシャーに『質問書を出せ』と言ったら、『それは出す』と。それで出てきた」

藤山が言う「外人記者の単独インタビューは日本歴史はじまって以来」という話は実は正確ではない。終戦直後にＵＰＩなど米国プレスのインタビューに応じた例がある。ともあれ第一問は「天皇は真珠湾攻撃を知っていたか。知っていたとすればいつ知ったか」となっていた。宇佐美が藤山に、

「君、陛下のお答えを一応書け」

と言う。そこで、

「そういう作戦があると聞いた覚えがある。いつかと言えば、開戦の大分前である」

という趣旨の答えを用意した。それをあとの四人がみて、侍従が天皇のところに持っていったが、しばらくして駆け戻ってくると、

「陛下が『これ、違っとる』と。『あれを知ってた』とおっしゃってますよ」

という報告だ。藤山らは、これは天皇にお任せするしかない、役人が考えた外務省的ないい加減な答えではご満足にならないと判断して、回答づくりをあきらめた。

さて、その日になり、クリッシャーが皇居にやってきて、会見の部屋で直立不動で待っていると、天皇が部屋に入られる直前、立ち会いの藤山に、

「総理からお電話です」

と連絡が。出ると、

「三木だよ。藤山、あの第一問に君はどうお答え願おうというつもりかね」

質問書が三木のもとにも回っていた。

「総理ね、どうお答え願おうかなんていう問題じゃないんですよ。私らが書いてもそんなもの問題にならない。陛下は自分でおっしゃるそうでございます」

「そうかね……」

「総理、申し訳ないけど、陛下のお姿が見えましたんで、これで切ります」

と電話を一方的に切った。上から単独会見のセットを求めてきた、という「上」は、三木武夫首相らしかった。

第一問に、天皇は、

「直前に軍令部総長から聞いている」

と明快に答えられた。さらに、

「自分は立憲君主ということを心掛けてずーっとやってきた。明治憲法に忠実に……。だから政務なら総理大臣が『こうしろ』と言えば『そうか』と言ったし、作戦面では参謀総長、軍令部総長が言ってくれれば『そうか』ということだった。しかし、二度だけ例外がある」

と、二・二六事件の鎮定命令と終戦のご決断に言及された。

藤山が予想したとおり、この『ニューズウィーク』のあとは、『タイム』『ライフ』、NBC、ABC、CBSとみんな押し寄せてきた。あまりにお気の毒と思い、

「なんぼか断りましょう」

とお伺いを立てたが、天皇は、

「国のためになることなら何でもやる」

と全部こなされた。米国入りしてみると、各地での歓迎はすさまじく、ホワイトハウスの歓迎晩餐会で、

「私が深く悲しみとする、あの不幸な戦争……」

と語りかける天皇のあいさつに、キッシンジャー国務長官は、

「いやあ、これは感動した。あんなすばらしいスピーチははじめて聞いた」

と声をあげた。藤山は、

「あんたがいま言ったことを記者諸君に発表していいか」

「どうぞ」

とキッシンジャーのOKをとり、すぐに記者団に伝えたりした。ホジソン駐日米大使も同行していたが、

「どっかの新聞かテレビが天皇の悪口をなにか書くだろうと思って目を皿のようにしていたけど、一言もなかった」

ともらしたという。『ニューヨーク・タイムズ』も一面から天皇の記事で埋める異例の扱いだった。この訪米以後、天皇は年一回、随員を全員皇居に招かれ、ねぎらわれた。藤山との間では、

「おっ藤山か、あの時は新聞記者で苦労したな」

「いやいや、苦労なんてもんじゃございません」

といったやりとりがあったという。藤山は言う。

「これはあまりおおっぴらに言えないんでしょうけど、訪米の五年前にヨーロッパにまず行かれたでしょ。あれは一種の陽動作戦で、いきなりアメリカに行くと、右翼が『謝りに行くのか』ということになるんで、反響を見るためにヨーロッパに行った。陛下は、あれだけの戦争をやって助けてくれたアメリカに、いつかは行ってお礼を言いたい、というのが本心だったことは間違いない」

イラン革命に〝不快感〟

英国、オランダ、イラン、タイなど世界の王室に、昭和天皇は特に強い関心を払われた。

天皇、皇后両陛下が欧州七カ国の歴訪で、エリザベス英女王に会われたのは一九七一(昭和四十六)年十月である。バッキンガム宮殿で催された女王主催の晩餐会で、天皇は、

「五十年前、イングランド、スコットランドに滞在中、私に示された豊かな温情とまったくかわりがありません。祖父の時代以来、両皇室の間には、しばしば相互に訪問がありました。それは、貴国と条約を結んだ前世紀後半以来の両国間の伝統的友好敬愛の関係を象徴するものであります。……私たちは過去において、近代国家として成長するために、多くのことを貴国から学んでまいりました。そのことを肝に銘じ……」

などと熱をこめて語られた。英国王室に対する特別な感情が伝わってくる。藤山楢一元外務省情文局長によると、

「私が見るところ、英国の王室には片思いのようなところもあるんだけれども、陛下はとても親しみを感じておられた。それで、『女王陛下はお元気か』とか『皇太后陛下はどうだ』とか、王室のことを一生懸命聞かれるんですね。特に英国の王室を模範とする、というのが戦後あったもんですから。こちらは親しみを持ったが、英国の方はそれほどでもない」

という面もあったらしい。

黒田瑞夫元情文局長は、ご訪欧直後の七二（昭和四十七）年九月から約三年半、天皇にご進講しているが、黒田の記憶でも、

「王室を持った国に非常に興味を持っておられたんです。やはり天皇制についていろいろお考えになっておられたからだと思います。エチオピアの革命でハイレセラシエ皇帝が殺されたことがあった。それからアフガニスタンでは内乱が起こって、王族が国外に逃亡したり、国内でもひどい目にあったでしょう。そういうことには熱心なご質問がありましたね」

という。

王室史も含めて、昭和天皇は歴史好きでもあった。明治の西洋史学者、箕作元八《みつくりげんぱち》（一八六二—一九一九）の著書『仏蘭西大革命史』『西洋史講話』などを、天皇はボロボロになるまで読んでおられた、と黒田は入江相政侍従長から聞いている。

「箕作さんの本にはローマのことなんかよく書いてあるらしいんですけどね。だから、陛下は歴史的にものを見る訓練をしておられた。英国のエリザベス女王は在位の長さから言っても、英国のどの総理大臣よりも英国の政治のことをよく分かっていると言われるんですが、昭和天皇も同じで、大正天皇の時にもう摂政宮ですから、もっと長くずーっと任にあられた。動乱の昭和の歴史のなかで、大変な経験と識見を積んでいかれた。ものすごいプレッシャーもあったでしょうしね。戦前の修羅場を生きてこられたから、ある種のカリスマ、人間的な威厳を持たれたと思いますね」

と黒田は言った。日英の皇室に共通しているのは、長く続いている伝統であり、天皇が女王に示された親近感も、歴史の労苦を共有してきたという実感によるものだろう。

同じ王室でも、イランのパーレビ王朝は第一次大戦後に生まれたもので、歴史が浅い。パーレビ皇帝が来日したのは一九五八（昭和三十三）年五月だが、通訳を務めた当時の式部官、和田力には、

「シャー（イランの支配者の称号）の場合は王室ですから礼が厚く、陛下は何回も会われた。ところが、陛下の口癖で、何回会っても『いつお帰りですか』と言われるんだな。普通の人はいっぺんしか会わないからいいんですが、シャーの時は二回目から通訳しませんでしたがね」

といった記憶が残っている。また、パーレビ皇帝を東京・浅草のレビューに案内した

時の話が面白い。和田が語る。

「皇帝ははつらつの遊び男でしょう。ぼくはレビューを見せようとしたが、実現するのに大騒ぎだった。宮内庁なんかみんな反対なんだ。ぼくは『アメリカの軍人だって家族で見にいって喜んでいるんだから』って押し切っちゃった。松竹は三階の席に板を張ってロイヤル・ボックスを作りましてね。反対したヤツも全部呼んだ。喜んだなあ。なんといっても、皇帝が一番喜んだ。まだ独身の時ですから。次に陛下に会った時はその話ばっかりなんだ。ところが、当時まだテレビにもレビューなんかでてこないころだから、陛下はチンプンカンプンですよ」

ディナーの席で、皇帝は天皇に語りかけた。

「私は世界中のショーを見ているが、ニューヨークでもせいぜい七、八十人です。ところが、日本ではフィナーレに三百人も出てきて、しかもみんなきれいだ。美人がいる」

「………」

「日本にもインドのシャウステートみたいなところがあるんですか」

インド美人の産地として知られたところである。

「………」

天皇はキョトンとしておられた。

ところで、イランはのちにホメイニ革命が起きて、七九（昭和五十四）年に王朝は崩壊、パーレビ皇帝も亡命した。和田は八一年、駐イラン大使から帰任すると、天皇に呼ばれた。

「陛下は『シャーの一家はどうしておられるのだろう』というようなことを言われたのだけど、その時の口調がねえ。反王家的革命には批判をお持ちだなあ、という感じを持ちましたよ。言葉ではっきりおっしゃったわけではないんだけどね」

と、和田の回想だ。

ペレストロイカに疑問

チェルネンコが死去したあと、ソ連共産党書記長にゴルバチョフが就任したのは一九八五（昭和六十）年三月である。この前後約二年間、昭和天皇に国際情勢をご進講したのは当時の外務報道官（のち国連大使）、波多野敬雄だった。

「祖父の波多野敬直が宮内大臣をしておりましたので、陛下は私がその孫ということで、いろいろと言いやすかったのではないでしょうか。『波多野は、そう言うが、こういう見方はないのか』『先日、波多野はこう言ったが、この点はこうではないのか』などと尋ねられ、私はそこから陛下の考え方を察していたわけです。帝王学なんでしょうが、すべてのことに関心を持ってらっしゃるように見受けられた。特に、世界平和とか、日本の安全保障など……」

しかし、ゴルバチョフが出現して以来のソ連の異変について、天皇には一種の戸惑いがあったようだ。波多野によると、

「私がご進講した時期は、ソ連のペレストロイカ（立て直し）が話題になりはじめた時

期でしたが、ソ連に自由の風が吹きはじめたのか、という観点から大きな関心を持たれた。『ペレストロイカ、ゴルバチョフ、シェワルナゼ……』と言いにくそうに繰り返されては、一生懸命覚えようとされていた。これで陛下のソ連に対するイメージが違うものになるのかな、という気がしましたが、ソ連、ペレストロイカの将来については、時々疑問を呈しておられたこともあった。具体的に（どんな言い方で疑問を示されたか）はご勘弁ください。とにかく、興味を示された問題では、こちらの説明に身を乗りだされて、『うん、うん、うーん』と大きな声で相づちを打たれ、力強くうなずいておられたのが、強く印象に残っている」

という。それまでの天皇のソ連観は決して好ましいものではなく、ことにアフガニスタンへの侵攻（一九七九年十二月）では、ソ連の膨張主義の結果とみて反発しておられたことはすでに述べた。

そのわずか五年後のペレストロイカ騒動で、ソ連への見方を切り替えるところまではいっておられなかったと思われる。天皇はすでに八十四歳、切り替えのむずかしいお年でもあった。

ゴルバチョフの書記長就任は三月十一日だが、十五日付の『入江相政日記』には、「総理にゴルバチョフから『お上によろしく申上げてくれ』との伝言があつた由、（宮内庁）長官からの話で申上げる」

とある。中曽根康弘首相がチェルネンコの葬儀で訪ソし帰国して、ゴルバチョフから天皇への就任あいさつを伝えたものである。

同『日記』によると、波多野は三月二十二日、ゴルバチョフ、イラン・イラク戦争などについてご進講している。さらに四月五日付には、

「波多野さんの進講。日米貿易摩擦、イイ戦争、東独でのソ連兵による米将校射殺事件など、例によっておもしろかつた」

と記されている。だが、貿易・経済の分野は、天皇は苦手だったらしい。波多野の話——。

「どちらかと言えば、経済問題にはなれておられなかった。しかし、日米経済摩擦など重要な問題もあるわけで、それらが世界の経済にどのように影響してくるか、などについて、わざとくわしくご説明し、興味を持っていただくようにした。ペレストロイカでも、『ソ連では経済の問題がこれからは重要になるのです』とご説明したが、『うん、うん』とうなずかれる度合いは少なかったようでした。陛下は、こちらが五つについてご進講申し上げると、その五つについて必ず質問されたが、『日米の経済は……』『世界の経済は……』と質問された時には、無理をして聞いておられるな、という感じがありました」

「ですから二年間のご進講で、私はどうすればその内容を印象に残していただけるかに

重点を置きました。事実だけではなく、『私はこう思いますが、だれそれはこう反論しておりますʼ』というように、議論の形で問題を提起していく。さまざまな主張をぶつけて、陛下に判断していただく。結局、ご進講はレクチャーでもブリーフィングでもなく、質問を受けることが一番重要だと思いましたね。どういう質問をしていただけるかで、ご進講のよしあしを判断するようになった。相づちを打たれて、質問されると大変うれしかったですね。質問が長引き、侍従長が終わりを催促されることもありました。現在でしたら、戦争と平和の問題に関心の強かった陛下ですから、国連のPKO（平和維持活動）への日本の対応などは、話題になっていたでしょうね」

また、波多野のご進講期間中には、中曽根首相が「黒人のいる米国の知的水準は低い」と失言する事件が起きたが、

「陛下はだれかの失敗とか、相手の困ることは決して聞かれなかったですね」

と波多野は言う。むしろ、やはり『入江日記』だが、八五年五月十日付に、

「羽田では中曽根、坂田（衆院議長）、寺田（最高裁長官）お見立て。中曽根さんにはサミットのおねぎらい、お土産の御礼おつしやる」

とある。熊本県の植樹祭ご出席の時、お見送りした中曽根に声をかけ、ボン・サミット出席をねぎらわれたのである。天皇は、ほめ上手のところもあった。中曽根の記憶でも、

「私のＰＲみたいでヘンですけど、入江さんに陛下がつぶやいたり、宮内庁長官を通じてきたり、いろいろあるんです。ほかの総理に言われなかったことを三度、私は陛下から直接言われましたね。一回は最初の訪米（八三年一月）、二度目はウィリアムズバーグ・サミット（同年五月）から帰ってきた時、三度目はたしかボン・サミットの時、ほめてくれました。『日本のためによくやってくれてありがとう』って言われた。『ご苦労であった』というのはよく言われるんだが、『ありがとう』というのは普通ないですね」

という。

〝酒飲み〟と一時間半も

一九六〇年代末から約二十年間、昭和天皇に国際情勢のご進講役をした外務省情報文化局長（あるいは外務報道官）経験者九人の話を紹介してきた。共通して語られたのは、世界に対する天皇のご関心の強さである。

ただ、ご進講役が経験したのは、天皇との外交問答だけではなく、人間的な触れ合いの機会も少なくなかった。以下、こぼれ話をいくつか……。

飲食にまつわる挿話が結構多い。黒田瑞夫は、

「年末には、式部官長とか外務省の儀典長、通訳する者とか、陛下のお手伝いをする人がお昼に招かれるんです。いまは日本酒のいいのが出回っているからあんまり珍しくないけども、二十年近く前ですから、おいしい酒がでる。酒屋さんが秋に酒を造って、新酒の一番できのいいのを宮中に差し上げるんですよ。おいしいからおいしそうに飲んでいたら、陛下が『黒田は酒が好きか』って言われるから『好きでございます』。そしたら、あとでサッと送っていただいた」

と天皇から新酒をもらった話をした。酒については、橋本恕にも鮮明な思い出がある。情文局長を終えた時に、最後に午餐によばれたことがあった。入江侍従長と徳川侍従次長が陪席して、砕けた雰囲気の会になったが、酒好きの入江は、

「陛下はお飲みにならないけど、橋本さん、もっと飲みましょう」

とずけずけ言う。

「いや、きょうはこれくらいに……」

と橋本が控えめにでると、天皇は、

「橋本、遠慮しなくていいんだよ。私は若いころから酒は飲めないのだから」

と言われた。結局、一時間半ぐらいになったが、天皇は最初、猪口《ちょこ》一杯だけ受けられて、

「私は失礼するよ」

と食事に入られた。橋本の記憶では、

「ご飯もお茶碗に一杯しか召し上がらなかったけど、なんとぼくらが相当飲んで食事がすべて終わるのと、陛下がお茶碗一杯のご飯をすまされるのとが、ほぼ同時だった。ぼくらに合わせておられたんだねえ。自分だけさっさと食べて、お茶飲んだらしらけるだろう。酒飲みというのは、飲まない人がいると落ちつかんもんだが、そのことをよく知っておられて、細かいお心配りをされたんだ。しかも、酒飲みはだんだん座が高揚して

くるものだが、ご自分もその雰囲気の中へ入り込んでいける方ですね」

というのである。また、そのご飯の食べ方について、天羽民雄はこんな感想を語った。

「陛下は相撲の話をとっても喜ばれる。ぼくも相撲は好きなんです。その時に、ご飯を食べてるとね、歯にご飯がはさまったまま笑われますよ。なんとも言えないねえ、あの威厳ていうの、品のよさね。あれは他の人ではできない品のよさね。すごい威厳よね。ぼくは図々しいほうなんだけど、あの陛下の前に座ると、思わずこう頭が下がっちゃうもんねえ」

天皇の前に座るのは、相当の緊張を伴うものらしい。ご進講の場合、両者の間隔は三メートルぐらいだが、イスの座り方についても、黒田によると、

「入江さんに聞いたんだけれども、戦前は総理や大臣なんかが所管報告をする時、イスに深く腰掛ける人は近衛文麿公しかいなかった。あとの人はみんな浅く座るから、イスの背中が温かになるのは近衛公だけだった、と入江さんは笑うんだけれども、それだけの威厳と威圧があったんじゃないですかね。戦後はおそらく、ずっと気楽になられたんでしょう」

という話も残っている。

内外とも接した人たちが、昭和天皇の好印象を語るのは、この威厳と無縁ではない。威厳と感動が表裏の関係になっている。

加賀美秀夫はご進講の担当期間中に、母親が死去したため、一回だけ休んだ。

「そうしたら、葬式の時に、陛下から切り花を賜ってね。私は大変恐縮して葬式の一番前に置いたんですけど、私の母親は明治の人間で、皇室崇拝の気が強いもんですから、私がご進講した時の話を母親にちょっとするとね、姿勢を正して聞くんです。次のご進講の機会に、入江さんにその話をして、『草葉の陰で感激していると思うので、お礼を申し上げていいだろうか』と聞いたら『いいでしょう』というわけです。いつもご進講の時は、陛下が部屋に入ってこられると、私は立っててお辞儀をして、陛下がご着席になってから私が座るんですが、その時は『実は切り花を賜って……』と申し上げたら、陛下は改めてお立ちになってね、『先般、家族に不幸があって非常に気の毒であった』とおっしゃった」

と加賀美は述懐した。

そうした、昭和天皇の存在を、外務省の高級官僚たちは身近で接しながら、政治的にどんな目でとらえていたのだろうか。柳谷謙介は次のようにみている。

「昭和天皇の時代が長く続いたということが非常に重要なんで、そのことが日本の経済の発展とか政治の安定とか、それなりの民主主義の定着とか、中産階級が多いとか、さまざまな日本のプラス面というものをかなり保証したんじゃないかと思いますね。もう一つは、昭和から平成への転換が非常に平和裏にいったということ。国際的基準からみたらかなり重要な変更なんで、大統領の交代以上のことかもしれない。王様の交代でもクーデターがあったりして、立憲君主制、必ずしも安定していないが、そういう意味での混乱とか、経済の停滞とかはなかった。われわれは当然のように考えていますが、日本人は非常に幸せだったと思いますね」

「陛下の意向」はウソ？

日本の応接間である東京・元赤坂の迎賓館は、一九七四（昭和四十九）年春に落成した。四月二十三日朝の落成式では、田中角栄首相が正面玄関に用意されたテープを切り、改築を担当した建設省の上山勝官庁営繕部長は、

「約五年四カ月の工期と総額百億円の工費をかけて完成した。宮殿建築のいかめしさを極力やわらげ、快適な居住性を与えることに心を配った」

と説明している。

ところで、この旧赤坂離宮の大がかりな改装をめぐっては、昭和天皇の名前が利用されたという。藤山楢一元外務省情文局長の話によると、

「当時（一九六七年ごろ）私は儀典長ですが、総理（佐藤栄作）の秘書官から『天皇陛下のご意向として、赤坂離宮を迎賓館に使え』ときたわけですよ。『それでは』ということで、当時の式部官長の原田健という外務省の大先輩と二人で検討に入った。ところが、あれは昔の建物で、国賓が泊まる部屋がこっちにあって、百メートル以上も離れた

向こうに奥さんの部屋があったりした。お付きの部屋なんてない。便所といったら、階下に大勢が入るのがあるだけで、こんなもの使いようがないじゃないですか。第一、建て替えたら何十億かかるか分からない。こんなのに手を入れるぐらいなら、どっか別に作った方がましだ、という結論になった」

旧赤坂離宮が完成したのは一九〇九（明治四十二）年六月で、工事に十年かかった。当時としては五百十万円という破天荒な工費をかけ、英国のバッキンガム宮殿とフランスのベルサイユ宮殿を模し、資材、家具なども欧州の粋を集めた。お客さま第一号は、一九二二（大正十一）年四月に来日した英王室のエドワード皇太子、のちにシンプソン夫人との恋で、王冠を捨てたウインザー公である。洋風に改築する前の十七年間は、明治天皇が仮皇居として住まわれた。一八七三（明治六）年、皇居の旧江戸城西の丸御殿が焼けたためだ。

しかし、旧離宮は豪華だが不便だった。改築には無理がある。藤山らが首相秘書官にそう伝えると、

「これは天皇陛下の意向だからなんとしてもやってほしい」

と言う。

「お金をどうするんですか」

「それはこちらで面倒みるから、心配いらない」

あとで、宇佐美毅宮内庁長官に、

「陛下の意向で、ということだったそうですが」

と問うたところ、宇佐美は、

「それは違うよ。『あれは後楽園のような遊園地みたいなものにされたら困るな』と陛下はおっしゃっただけだ。しかるべきちゃんとしたものに使えということで、迎賓館にしろなんて一切言われてない」

という返事だった。藤山は、

「だまされたんですね。（天皇をめぐっては、周囲で）そういういろいろな食い違いというのはあると思いますね」

と言った。佐藤首相の強い指示によって秘書官が発言していたことは間違いないが、興味深いのは「天皇の意向」をどこで、だれが知ったか、あるいは感じとったか。宇佐美が言うように、「天皇の意向」はもともとないのを、だれかが「意向」にしてしまったのか。宮廷政治の一コマをかいま見るようである。

旧赤坂離宮は戦後の一九四八（昭和二十三）年、皇室用財産から国家財産に移管された。このあと国会図書館や法務省の一部、東京オリンピック事務局などに使われ、改装前は裁判官弾劾裁判所があった。

だが、約六十年を経過して古びてきたために、どう活用するかが政府部内でも議論されていた。着工は六八（昭和四十三）年暮れである。藤山らが予想したとおり、工費がかさみ、当初の見積もりの五十億円が結局は倍増した。

昭和天皇にとっては、忘れがたい建物である。

摂政時代の一九二三（大正十二）年八月から、即位の大礼が行われた二八（昭和三）年九月までの五年間、東宮御所として使われた。皇后陛下も二四年に結婚されてからごいっしょだった。

天皇は落成式前の四月五日、皇后を伴って新装成った迎賓館を視察された。ここに入るのは、四七（昭和二十二）年十月、皇籍離脱の皇族方を離宮に招き、夕食会を開かれて以来だった。三木武夫副総理と島津久大初代館長がご案内した。この模様は首相番の各社政治記者が取材したが、毎日新聞の椎橋勝信記者の記憶によると、

「もっとも印象的だったのは、正面に向かって右、裏側一階にある部屋まできたら、天皇が斜めうしろを歩いていた皇后を振り返って、にこっとし、皇后もこれに応えてほほえんでいたこと。新婚時代を過ごされているので、思い出深い部屋ではなかったのかと思いました。天皇は説明に対して『ええ』『ええ』『あっそう』と返事されていたが、この三つの言葉がワンセットになってリズミカルな応答語として響いていたのを覚えてますね。正面向かって左端の一階の部屋にくると、天皇は『関東大震災のころ、ここから別の場所に移った方がいいのではないか、と勧めがあったが、動かなかったんだ』とい

う趣旨のことを言われた。結局視察時間は予定を十五分ばかりオーバーしたはずです」

と言う。

新迎賓館に迎える客について、当時、田中首相は、

「中国の周恩来首相がゲスト第一号だ」

と期待したが、実現せず、四月来日予定だったフランスのポンピドー大統領も果たせなかった。第一号は結局、この年十一月二日来日したベルギーのボードワン国王夫妻である。以来、いままでに国賓、公賓、非公式を含めて百四十回、世界の賓客たちが迎賓館の門をくぐった。

国賓の第一号はフォード米大統領夫妻である。同年十一月十八日にやってきた。十九日付の『入江相政日記』には、

「雲一つない晴天、迎賓館前の行事もすばらしかつた。あと御同車で皇居へ。竹の間で御会見。大統領もキッシンジャー氏も大変喜ばれた」

とある。

「学問と何の関係あるか」

再び政治家に登場願うが、昭和天皇とのわずかな出会いの場面、やりとりの中身を政治家たちは鮮明に記憶していた。

森喜朗は第二次中曽根内閣の文相のころ、

「いくつか、とっても愉快というか、大事にしておきたい話がある」

と言う。一九八四（昭和五十九）年六月、恒例の芸術院賞と学士院賞の授賞式が一週間おきに行われたが、そのあとの皇居訪問の時である。

「受賞者が陛下に拝謁したあと、宮中でお茶会があるんです。お茶会というからコーヒーとケーキぐらいかと思ったら、テーブルには盛りだくさんの料理がでる。お茶会の前に受賞者の何人かが、別の部屋でお話を申し上げる。大臣は侍立ということで、横に座って聞いている。二十人ぐらいが招かれて、そのうちの半分ぐらいが話をする。自分のやってきた学問についてね」

ところが、学者の一人が学問と違うことを話しはじめた。

「父親はかつて役人で、皇居のそばの竹橋に宿舎がありました。私も子供のころそのあたりの庭で遊びましたが、井戸がありまして、この井戸の水位で宮中のなかの水位を測ると聞かされていまして……」

といった話題だった。天皇は、ふん、ふん、と聞いておられたが、全部終わったところで、

「いまの話は学問と何の関係があるのか」

と言われた。全員が一瞬どきっとした。森によると、

「宮中の近くに生まれ育って親しみを感じております、というような話なんだが、陛下は『君の学問の話を聞きたいのだよ、なにをくだらないことを言うのか』ということなんでしょうね。それをずばり言うのです。詰問されるような口調ではない。でも、完全な皮肉です。きついですね。私はこれを聞いた時、この天皇は意外な面があるなあと思いましたね」

という。

ついでお茶会。楕円形のテーブルで天皇の対面が皇太子（現天皇）、天皇の右隣が森文相。天皇が入ってくると、

「おなりです」

というので、みんな立ち上がってお迎えし、天皇が座るのを待って、全員が着席する。

「陛下は座られるや、ナイフとフォークをもって、前にあった鳥の太ももを食べはじめた。すごいんですよ。食べっぱなしか、しゃべりっぱなしですよ。ものすごい健啖家《けんたんか》です。それで、われわれも食べていいのかと……。こっちはなるべく話しかけられなければいいが、などと思っていると、そのうちにぱっとぼくのひざをつかまえるんですよ」

森は再びどきっとした。天皇が話しかけられた。

「大臣は国はどこか」

「はっ、石川県でございます」

「石川のどこか」

「小松でございます」

「うん、小松はいい飛行場があるなあ。これからの地方は飛行場のある町が発展するなあ」

「陛下は昨年（一九八三年五月）植樹祭においでになられて、しかも四日間ご滞在になられて、県民は大変喜んでおります」

「うん、ずいぶんあの時は世話になったなあ」

天皇は細かい地名をきちんと覚えておられた。森に、

「白山の神社は立派になった」

とか、

「能登島に立派な橋がかかってよかったなあ。島の者はみな喜んでおるだろう」

「はっ、それはもちろんでありますが、やはり和倉という観光地でございますから、和倉とその周辺の者が大変な喜びようでございます」

「うん、和倉温泉もなかなかにぎわっておるな」

天皇は白山神社に行かれ、能登島も二、三度訪問されている。能登半島の和倉温泉では、この時も泊まった『加賀屋』という旅館がお気に入りだったという。それにしても、この記憶力。

「陛下はちょっとお耳が遠いところがあるし、相手もみな八十前後の学者さんでしょう。『はーっ、はーっ』ってやってるわけだから、陛下もだんだん面倒臭くなって、つい話がこっちにきちゃう」

また森を相手に――。

「国技館は順調にいっているか」

相撲は文部省の所管である。

「先日、棟上げ式に行ってまいりまして、立派に建築されております。陛下が一月場所においでになられるまで間に合わせるように、急いでおります」

「うん、そんなに急いでけが人を出したり、火事を出したりせんように、理事長によく言っておいてくれ」

「はい」

「大臣」

「……」

「高見山がなぜ辞めたのかね」

「陛下、ご存じかと思いますが、十両から幕下に落ちることは、力士にとって非常に辛《つら》いようでございます」

「なにが辛いのか」

すべてご存じのくせに、と思いながら、森は答えた。

「幕下におりますと髷《まげ》の結い方が違いますし、付け人はつきません。羽織袴《はかま》の着体も認められないようです。力士にとっては不名誉ということになるのだと思います」

「うん、そうか」

「高見山はおそらくまだ取りたかったと思います。しかし、名誉の方を選んだのだと思います」

「うん、高見山は残念だったろうな」

「ご無礼でありますが、陛下は高見山がお好きなのではありませんか」

「うん？　うん。大変に関心を持っておるんじゃ」

好き、とは言いたくても言わない。言えない。翌年正月、首相官邸のパーティーをの

昭和60年、新国技館落成式にご出席

ぞくと、高見山がきていた。森が天皇とのやりとりを伝えたところ、高見山は、

「もったいないです、もったいないです」

とハンカチをだして涙をふいた。

「二階堂、あれならやるなあ」

森喜朗元文相の話のつづき。

芸術院賞受賞者を招いて宮中で催されたお茶会の席上だが、森は昭和天皇に大学のことも話した。一九八四（昭和五十九）年六月である。私学助成には規制があるとか、その春、たまたま鹿児島県鹿屋市に開校したばかりの国立鹿屋体育大学についても話題にした。

「鹿児島県の大隅半島にできまして、そこにはオリンピックにでたような人も教授や講師でおります。近隣のアジアからの留学生も受け入れるようになっています」

一週間あと、こんどは学士院賞受賞者のお茶会で、天皇は席に着くなり、

「この間の話だが、どうして鹿児島のような遠隔の地にあのような大学を作ったのか」

と聞かれた。

「できるだけ地方に特色のある高等教育機関が必要だと思いまして……」

「そうか。鹿児島では政治家や知事たちも喜んでおるだろう」

「二階堂議員がこの問題を大変積極的に進めてきておりまして、財団などを作って、民間からもお金を集めて、そこでできるだけ援助していくというやり方をとっております」

「うん、二階堂なあ、二階堂なあ、あれならやるなあ」

天皇は二階堂進の政治的力量をよく承知しておられるような口ぶりだった。森はすぐに議員会館の二階堂の部屋に出向いて、

「先生、先生、いい話がある。天皇陛下があなたの名前を知っておられた」

といきさつを説明した。二階堂は、

「そうかなあ、あまり暴れもしなかったのに」

とけげんな表情をしたという。二階堂は鈴木、中曽根両政権下で自民党幹事長をつとめたあと、当時は党副総裁。この年の暮れには中曽根康弘の総裁再選を阻もうと二階堂を擁立するクーデター未遂事件が起きるので、一躍世間に名前がとどろくが、その前である。副総裁自体はそれほど目立つポストではなかった。

いま、改めて二階堂に聞いても、昭和天皇との接点はほとんどない。

「幹事長の時に、国会がもめておってね。園遊会にでたら、陛下が前に立ち止まられて、私はよもや、ものを言われるとは思わないもんだから『国会はどうですか』と聞かれた時はびっくりした。『いやあ、いろいろございますけど、ケンカしないようにうまくや

っておりますよ』と答えると『ああそう、ああそう』と二回言われてねえ。（田中内閣の）官房長官の時は、宮内庁から二回ほど内奏しないかと誘われたが、お断りして行かなかったんです。というのは、私は鹿児島の発音ですし、上品な言葉は知らないしねえ。山口喜久一郎君（故人）が衆院議長の時だが、陛下に万年青《おもと》の講釈をしたら、陛下の方がよく知っておられて困ってしまったという話を山口君が時々しておったものだから、そんな恥をかくようなことはしたくないと。中曽根総理から議長になってくれと頼まれた時も、議長になって天皇のそばにいって話をするような身分でもないと思ってね」

「私の郷里に井上知治という衆院の副議長までやった人で、大先輩がいたんです。昭和二十年代、吉田内閣のころですよ。宮中に呼ばれて、陛下と同じテーブルに座って話をした。井上さんは朝から焼酎《しょうちゅう》を飲んでいるような人で、その席上、天皇陛下に『陛下は有楽町あたりに時々行かれますか』とやった。戦後すぐだから、あのへんはまだ売春婦が立っておるころですよ。吉田さんが怒ってねえ。『あれはどこの出身の国会議員か』と言われたそうです。副議長だから国会が任命しておるんだが、吉田さんは井上さんを知らないんだよ。そんな話が残っておるもんだから、私は赤恥かくようなことはやりたくないと思ってねえ。時々、私も突飛なことを平気で言ったりするもんだから」

　などと、二階堂は天皇と縁が浅い理由を語った。だが、森に言わせると、

「二階堂さんの名前を繰り返されたのが非常に印象に残ってますね。国会のあれこれに

「二階堂、あれならやるなあ」

ついても、陛下は非常によく知っておられるのだなあ、と思いました」

という。

ところで、国立鹿屋体育大学については、因縁話がある。一九七二（昭和四十七）年末、第二次田中内閣が発足したころだが、官房長官の二階堂が奥野誠亮文相に、

「鹿屋にぜひ大学を作ってくれ」

と陳情したところ、奥野は、

「あんな田舎に大学を作って学生は集まりますか。先生は集まりますか」

と冷たい。「あんな田舎」といわれたことに二階堂は怒り、

「そういうのが明治時代の考えなんだ。田舎には人材も多いし、ああいうところにこそ文化的な施設を作って、勉強させてやったらどうなんだ」

とかみついたことがある。

その奥野は、戦中の一九四二（昭和十七）年、二階堂が米国から帰って翼賛選挙に打ってでたころ、鹿児島県の地方局長をしていた。鹿屋はだからよく知っている。選挙では「アメリカ帰りのスパイ」とか「国賊」「共産党かぶれ」などと言われて、二階堂はひどい目にあった。県の特高課長は原文兵衛元環境庁長官（参院議員）だった。立場が変わって、二階堂は内閣の中枢にいた。

「陛下も『あのような遠隔の地』と言っておられるなら、田舎と思っておられたんだ」

といまの二階堂は苦笑しているが、この大学誘致運動が実り、開校にこぎつけるまで十一年余を要した。最初は教員養成大学を作ろうとしたが、うまくいかない。

「海部総理が文部大臣（福田内閣）の時に設置が決まったが、あの時、衆院本会議場のなかで、海部君がやってきて『教員養成大学は社会党、共産党がみな反対してむずかしいです。ほかの大学なら何でもいいですが、何にしましょうか』と言うから、相談して体育大学を作ってもらった。ああいう地方に、国立の体育専門の大学ができたのは、鹿児島がはじめてなんです。それを森君が陛下に話したんですな」

と二階堂は言った。

大平首相に「うん、うん」もなく

政界の争いごとはもちろん皇室と無縁に展開される。しかし、まったく無縁かと言えば、そうでもない。

戦後政争史に残る泥沼の「四十日抗争」。一九七九（昭和五十四）年秋が舞台である。抗争のはじまりは十月八日、同日付の『入江相政日記』には、

「選挙の結果、自民大敗。やっと過半数。大平首相の責任を問ふなど混乱の兆あり」

と記されている。総選挙で、自民党の獲得議席は二百四十八にとどまり、直ちに保守系無所属十人の入党を決めて、辛うじて過半数を確保した。大平正芳の増税路線が世論の猛反撃にあい、終盤の鉄建公団スキャンダル、投票日の全国的な豪雨なども響いた。党内政争が火を噴く。福田、中曽根、三木の反主流三派は大平の引責辞任を求め、大平はつっぱねて、死闘が続いた。

皇居では十月十一日、ルクセンブルク大公を歓迎する晩餐会が催され、大平以下閣僚も出席。同日付の『入江日記』には、

「大平、園田（直、外相）廊下あるき乍ら大密談。大平首相、全く元気なし」などとあり、大平の挙動がつぶさに観察されている。また、十九日付の『日記』。

「大平首相、文化勲章の内奏。

『御心配かけまして』と言われるが元気がない……段々集まった随員たちと話す。大平さんとちがい、福田さんは元気。攻めと守りの関係か」

同じ日に、大平と福田赳夫が別々に昭和天皇に会っている。福田は天皇ご訪欧（七一年）、ご訪米（七五年）と二度の外遊の首席随員をつとめ、年に一度、慰労のお茶会に招かれるのだ。二十六日、隣の韓国で朴大統領が射殺された。

政界の暗雲、一段と深まり、国会も開けない。十月三十一日付『入江日記』。

「灘尾（衆院）議長、十一時から拝謁。帰りがけの灘尾さんに（国会は）いつになりますかと聞く。勿論はつきりしてゐないが、連休明けになるやうな感触だつた」

そして、十一月六日、首相指名の衆院本会議で、ついに大平と福田の二人が名乗りをあげた。前代未聞、自民党は分裂したも同然だった。第一回投票では両者とも過半数をとれず、決選投票で大平百三十八票、福田百二十一票となった。大平体制は維持されたものの、党内には深い亀裂が刻まれ、党人事を終えて四十日抗争が一応の幕となったのは十一月十六日である。

大平は首相の親任式、閣僚の認証式で十一月九日皇居に赴き、天皇に内奏した。「竹の間」である。でてきた大平は、顔色が尋常でなかった。廊下で待機していた安倍勲式部官長の目にはぶるぶる震えているように映った。大平は廊下を歩きながら、

「安倍君、ちょっとキミ、聞いてくれよ」

と哀願するように言う。

「何ですか」

「今日は僕も弱っちゃったよ」

安倍はこの年八月、国連代表部から式部官長に転じたばかりだったが、大平とは縁があった。池田内閣で大平が官房長官のころ、安倍は外務省の儀典長、さらに大平が外相に横すべりすると、安倍に、

「外務大臣なんて柄じゃないし、何も分からない。時々家にきて洋服の着方から教えてくれ」

と言って、東京・本郷の自宅に連れていったこともある。その安倍に大平が訴えたところによると、天皇への内奏の模様は、

「国民のいろんな非難をよそに、いつまでたっても結末がつきませんでした。こんなにみなさんを騒がせて大変申し訳ないことをしたと思います」

と、抗争の経緯を説明したが、天皇のご返事は一回もない。最後に大平は、

「韓国では朴大統領が暗殺される事件も起きましたけれども、日本ではああいうことは

起きないようにしたいと思います」

　とも言ってみたが、やはりご返事がなかったという。大平はあわてたらしい。安倍によると、

「それで、ご自分（大平）もいかんと思ったんでしょうね。『キミも機会があったら、よく言っておいてくれ』と。僕は侍従長ではないしね、入江さんだけには事情を申し上げておきましたけどねえ。大平という人はとっても気の優しい人でしたから、嘆いちゃったんですよ。どうもそういうところを見ると、陛下としては憲法上の制約もあって、政治上のことはコメントしないと。ただ、『うん、うん』もなく終わっちゃったのでしょうね。ノーと言う権限もないし、イエスとも言えないんですから」

　ということになる。大平は閣僚時代、さらに首相に就任してから何度も天皇と相対しているが、狼狽したのは、そうした時の天皇の反応と異質なものを感じとったからだろう。「うん、うん」もないとすれば、大平でなくても気になるに違いない。天皇は「応答せず」という形の意思表示によって、四十日抗争のような醜態への不快な気持ちを示されたものと思われる。

　このように、天皇は国内の政情に通じていた。四十日抗争の根には、その約一年前、福田から大平への政権交代をめぐる怨念《おんねん》仕合がある。大平には「二年交代の密約」を福田が果たさないことへの怒りがあり、福田には田中角栄率いる軍団の強引なやり方で総

裁予備選挙に惨敗し、政権の座から引きずり降ろされた怨《うら》みが尾を引いていた。このころの天皇側の反応を『入江日記』から推測すると、予備選の直後には、

「自民党散々。角栄反省すべし」（一九七八年十二月六日付）

の記述があり、翌七日、大平の親任式の前に、福田首相も天皇と会うが、

「福田総理、角影を言つてゐる。予（入江）の考へてゐた通りが事実らしい」

とある。「角福戦争」とその延長線上の「大福抗争」を通じて、天皇は福田びいきだったような印象がある。

「謝罪」にも差があった

話が前後するが、昭和天皇と外国要人との接触の内幕は、外でみているのと相当に違う。中国の鄧小平（当時、副首相）らが天皇を訪問した場面はすでに触れたが、いわゆる「謝罪」の問題をもう一度振り返っておきたい。

アキノ・フィリピン大統領が一九八六（昭和六十一）年十一月に来日した時も、天皇が謝った、いやそうじゃない、ともめた。天皇が開腹手術を受ける約一年前である。会見に通訳以外ではただ一人立ち会った当時の式部官長、安倍勲（元国連大使）によると、「あの時は、私が『（謝罪の）話はなかった』ということにしたんです。向こうはベニグドという報道官がついてきていた。新聞記者上がりの有能な人でした。この人が発表した。『アキノ夫人に聞いたところによると、日本の天皇は何回も謝った』と。それをUPIかどこかが流して、日本のプレスがキャリーしたのです。それで私は宮内庁記者クラブから詰め寄られて、『ウソをついている』と言ってねえ。当時、官房長官は後藤田正晴さんだった。後藤田さんにも『本当にないんです』と言ったんです。あれ、全部話の筋が違うんですよ」

安倍の話では、天皇とアキノの会見の模様は次のようなものだった。まず、アキノが、

「実は……」

と暗殺された夫の父の話をはじめた。アキノの義父は戦前のフィリピンの有力政治家で、戦時中は上院議長、日本にも三回ぐらいきている。いわゆる対日協力者だった。天皇には二回会っている。戦後は戦犯の疑いをかけられて不遇の時を過ごしたが、最後はバスケットボールをみていて急死したという。

その話を聞いて、天皇はすぐに、

「よく覚えている」

と言われた。アキノが続けた。

「しかし、父は日本に対して恨みごととか何も申してはおりませんでした」

「いや、本当にずいぶん迷惑をかけました」

「いいえ、もういいんです。われわれファミリーはもうそんな話はしないんです。そういうことを言えばキリがありません。将来、日本と仲よくすればいいんです」

「いや、あなた方に迷惑をかけました」

と、天皇は二度も「迷惑」を口にされた。安倍の解説はこうだ。

「アキノ夫人に対して、お父さんに気の毒なことをした、ということなんです。ですか

ら、フィリピン全体、国民全体に日本が迷惑をかけたから謝るというコンテキスト（文脈）ではないのです。そう私が確信しているのは、昭和天皇の考え方は、国民に迷惑をかけたというのは、中国だけなんです。日支事変以来、わけもわからず入っていってね、散々迷惑をかけた。これははっきりしている。韓国はまた別なんです。『韓国には行きたかったのに、行ったことがない』と何べんもおっしゃるんです。戦前の話ですよ。日本は当時、統治していたわけですから、いい話と悪い話と両方あるわけです。治めていて、まじめに働いていた人なんかは、帰ってきて『いやよかった』と言うし、時々うわさによると何か悪いこともしているようだが、そのほうはあまりお耳に入っていない。もう一つ、間接的なんです。なるほど聞いてみると、日本は（韓国に対して）いろいろ悪いところがあった。それはそれで謝らなくてはいけないが、中国とは違う、という考え方です。中国については、はじめから『いかん』と思ってらした」

「それから、フィリピンとかインドネシア、ビルマというのは、そこの人を攻めにいったのではない。英米がいたから戦いになっちゃって行ったんで、その結果、住んでいた向こうの人々に迷惑をかけた。しかし、そこの人をやっつけようとして行ったわけではないんです。当時、日本にきていた協力者に対しては気の毒だったという気持ちはありますが、戦後、スカルノ大統領（インドネシア）やガルシア大統領（フィリピン）がきた時でも、陛下はまったく謝っていないのです。『不幸な時代がありました』も『遺憾』

も『残念』も何もないのです。英国では『両国には不幸な関係がありました』ぐらいだし『嘆かわしい』とおっしゃったのはアメリカだけですよ。何か最近、いっしょくたにして、海部総理があちこちへ行って謝っているでしょう。あれは政治家ですからいいのでしょうけど、昭和天皇の場合にはなかったですよ、そういうことは」

天皇が謝罪の気持ちをもっとも強く抱かれた中国からは、要人として初の鄧小平についで、一九八〇（昭和五十五）年五月に華国鋒首相、八三年十一月には鄧小平と並ぶ実力者、胡耀邦総書記が来日した。胡は奔放な人柄で、派手なお土産を持ち込み驚かせた。

「大きな衝立《ついたて》でした。よく中華料理屋なんかに置いてある、貝をちりばめた螺鈿《らでん》細工、すばらしいものでしたよ。やっぱり政治家だから、持っていくならでっかいものを、ということなんでしょうね」

と安倍は言う。話がはずんで、胡がしきりに中国の国内事情を説明すると、天皇が、

「私は中国に行ったことがないから」

と言われた。胡はびっくりした表情で、

「あなたはきたことがないんですか。それならぜひきてください」

と気軽に口にした。しかし、プロトコール（外交上の取り決め）にのっとった正式招待などではもちろんない。そのまま外にでると、騒動になる。安倍は外務省を通じて在京の中国大使に連絡をとり、双方とも口外しないことにした。皇室外交のなかでも、中

国は特別の雰囲気を漂わせている。

昭和61年、アキノ大統領を迎えて

お酒を召しあがらぬ理由

一九七〇年代の後半ごろから、昭和天皇を訪ねる外国のＶＩＰが日を追って増えた。

「ちょうど日本の国力が伸び、経済的にも注目を浴びることになって、東京に行ったら『日本の天皇』に会ってみたいという要望が非常に多くなってきましてね。政治をやってはおられないが、天皇というのは何か役割があるんじゃないかと想像もするんですね」

と当時の安倍勲式部官長が言う。外務省と内閣官房で、交通整理が大変な仕事だった。

十年余の間に、天皇を訪ねた要人は、主なものを拾っただけでも——。

エリザベス英女王、ザイゼル・ブラジル大統領、マルコス・フィリピン大統領、鄧小平中国副首相、ロペス・メキシコ大統領、カーター米大統領、カルロス・スペイン国王、ローマ法王パウロ二世、モナコ国王レーニエ三世、アルグレーテ・デンマーク女王、モイ・ケニア大統領、ミッテラン仏大統領、サッチャー英首相、ムバラク・エジプト大統領、ハク・パキスタン大統領、コール西独首相、レーガン米大統領、全斗煥韓国大統領、アキノ・フィリピン大統領、ヤルゼルスキ・ポーランド国家評議会議長と全世界に及び、最後にフィンボガドチル・アイスランド大統領（女性）にお会いになったのは腸の手術の四日前、一九八七（昭和六十二）年九月十八日である。

安倍によると、

「なかでも印象に残っているのは、レーガン大統領ですねえ（八三年十一月九日に来日）。晩餐のあとのコーヒーが十分ぐらいあって、それがすむと大広間にいる随員たちとまた一緒になって談笑される。そのコーヒーの時、こちらは陛下と、あの時は皇太子殿下、妃殿下がおられて、向こうは大統領とナンシー夫人だけで、結構話が弾むんです。そこにも、なにかあった時にと、式部官長の私だけはついていているんです」

レーガンは天皇がグラスを口にしないのをみて、言った。

「お酒を召しあがらないのですか」

「ええ、しかし、私の祖父（明治天皇）は大変な大酒飲みでした」

「ああ、それでわかりました」

「………」

「第十八代のグラント大統領、彼は酒で失敗したんです。ヘビードリンカーで、バーボンを飲みすぎて……。みんなが心配して大統領を辞めてもらったんです。それで、日本にもきてますが、どうだったんでしょうか」

「いや、祖父とずいぶん飲んだようですよ」

グラントという人は南北戦争当時の北軍司令官だった。大統領を辞めたあとは世界漫遊にでかけ、一八七九（明治十二）年に日本にきている。

「少し調べてみたら、グラントは滞在中、明治天皇のところに三回ぐらいきているんですよ。普通は一回だけで、多くてもあともう一回、それもほかの皇族がお相手するのがせいぜいなのですが、酒がおいしいからとまたやってきたのじゃないかと思うんです。いまの浜離宮に西洋式の迎賓館があって、外国要人がくると、接遇したんですが、こちら（皇居）にはこちらで明治御殿があるわけです。グラントはそこまで三回も足を運んだ。この話はおもしろいです。とにかく、レーガン大統領は話がうまいし、あの謹厳な陛下もにっこり笑われてねえ。レーガンは前もって調べてきたんじゃないでしょうか」

と安倍は言う。

もう一人、全斗煥韓国大統領の場合は、天皇の「お言葉」をめぐって緊迫した。一九八四（昭和五十九）年九月六日の来日である。八月ごろ、在京韓国大使から、

「韓国は陛下の謝罪について要求しているわけではないので、全然お気遣いされなくて結構です。日本の中のことですから」

と言ってきた。しかし、謝罪をめぐるマスコミ報道は、日韓双方でだんだん激しくなる。

「それまで陛下のお言葉というのはそんなに問題になることはなかったんです。まったく社交的なことで、私がさっさと書いてしまったものでした。ただ、侍従長にはみせて、陛下の言葉のチョイ人とか発言しやすいとか、得意でない言い回しとか、その程度のところに手を入れ、最後に宮内庁長官にみせて、というのが普通でした」（安倍）

しかし、全斗煥の時は、外務省アジア局にペーパー三枚ぐらいの原案を書いてもらい、それをもとに安倍が作文し、さらに外務省に戻した。外務省から中曽根康弘首相のもとまで回り、中曽根自身が手を入れた。

「中曽根さんはとても明確でした。『謝罪の気持ちをもっと率直にだしたほうがいい』とね。彼には外交戦略というのが明確にありましたから。韓国は自分が全部やって、次には中国とやって、その次には対ソ外交という大きな戦略があり、なんとしても韓国には謝罪をしてもらいたいと。そういうアプローチがなければ、あれはまとまらなかったですね」

来日四日前の九月二日、その文面をソウルに打電して、韓国側に内報し、向こうの答辞案も送ってもらって、晩餐会の準備が整った。それが、

「今世紀の一時期において、両国の間に不幸な過去が存したことは誠に遺憾であり、再び繰り返されてはならないと思います……」

という天皇のお言葉だった。

また、韓国側は、天皇との会見の席に外相、駐日大使らのお供をだれもつれて入らないのに、日本だけなぜ式部官長が同席するのか、と異議をさしはさんだ。日本側は、

「あれは、ドアから入れて出すまでの係でいるので、こちらも侍従長も長官もだれも入りませんから。まったくのテータ・テート（二人だけの会談）で、中でのことは絶対にもらさない」

ということで了解を得たという。

「文化勲章は貧しい者に」

勲章の話題を一つ――。

毎年、文化の日の十一月三日、皇居で授与式が行われる文化勲章、日本では最高の栄誉とされている。科学、美術など文化の発達に卓絶した功績のあった人が対象だ。章の制定は一九三七（昭和十二）年二月である。

佐藤栄作首相の時だが、佐藤は昵懇の元某財閥当主に文化勲章が贈られるよう、仲介の労をとろうとした。政治・外交・産業界の各方面に精力的な活躍をした人物で、すでに勲一等瑞宝章を受けていた。

しかし、文部省に設けられた選考委員会の審査が厳しく、うまくいかない。やむなく、佐藤は後継者の田中角栄首相に、

「引き続きやってくれ」

と申し送って、政権を退いた。一九七二（昭和四十七）年の夏である。ところが、田中も奥野誠亮文相らをせっつくがラチがあかない。田中の側近の後藤田正晴官房副長官

は、ある日、宇佐美毅宮内庁長官を訪ねてみた。五三（昭和二十八）年以来長年、宇佐美は長官職にあり、発言力もある。

「どうでしょうか」

と言う後藤田に、宇佐美ははっきりしていた。

「それは後藤田君、だめだよ」

「なぜいけないんですか」

「いままで文化勲章の受章者の決裁を仰ぐ時に、陛下のご下問はなかった。ところがね、赤木正雄さんに文化勲章をあげることになってね、陛下は決裁はしてくれたが……」

赤木正雄について、説明がいる。赤木は砂防工学の権威として知られるが、旧制一高時代、新渡戸稲造校長の、

「だれか治水の大道を進まん」

という訓示を聞き、砂防に一身をなげうつ決意をする。旧内務省に入り、オーストリアに留学、一九二五（大正十四）年、内務省に戻って、それまでの画一的な砂防計画を改め、渓流の特性に応じた砂防計画論をはじめて確立、政策立案にもあたった。

旧内務省グループの間では、

「予算取りの名人」

として赤木は有名だった。折衝の時に、そのころ会計課長の灘尾弘吉（のち衆院議

長）を素通りして、大蔵省の局長と直接掛け合い、砂防予算をもぎとってきたという。三五（昭和十）年、全国治水砂防協会を創設、七一（昭和四十六）年に文化勲章を受け、翌年死去した。受章は佐藤退陣の一年前である。いま、自民党の竹下派、渡辺派が収まる砂防会館（東京・平河町）の前に、赤木の銅像が立っている。

話をもとに戻して、その赤木の受章で、昭和天皇はなにを言われたか。

「ときに、文化勲章というのは、家が貧しくて、研究費も足りない。にもかかわらず、生涯を文化や科学技術発展のために尽くした。そういう者を表彰するのが本来のやり方とは違うのか」

「その通りでございます」

と宇佐美は言うしかない。

「後藤田君、そういうことなんだ。だからだめなんだよ」

という説明だった。天皇が一つの枠をはめたのである。「貧しく」がひっかかってくる。予算取り名人の赤木もだが、元某財閥当主はもっとひっかかる。

後藤田は帰って、田中に報告した。

「総理、あれはだめです」

「なに？」

「だめです」

「どうしたんだ」

「いや、こういう話です」

「そうか、これはやめた」

田中はあっさりしていた。「貧しく」では、田中にも共感するところがあったのだろう。

一方で、天皇の質問には意表をつくものが少なくなかった。官房副長官就任の直前まで、後藤田は警察庁長官の職にある。ご進講の機会があった。『入江相政日記』によると、一九七〇（昭和四十五）年四月十三日。それ以前にも、食事をともにした時、天皇は、

「どうだ、警視総監の仕事はなかなか容易じゃないな」

などと言われる。長官（警察庁）と総監（警視庁）の区別がついていない。この時のご進講では、まず日航機「よど号」のハイジャック事件を説明した。事件が一件落着（四月五日）した直後である。天皇が質問された。

「話を聞くと、過激派というのは、共産党とは違うな」

「その通りです」

「それならば、なぜ過激派が共産党政権の北朝鮮（朝鮮民主主義人民共和国）に出かけていったんだ」

「………」

一瞬、後藤田は返答に窮した。

ついで、交通警察について。交差点の信号機に電子計算機を設置し、通過する車の台数などを捕捉《ほそく》して自動的に調整する。当時ではめずらしい新兵器採用の話だ。天皇はこう言われた。

「電子機器を使っているのは非常にいいことだ。ときに、電子計算機の誤差はいくらあるのか」

「それは陛下、誠に申し訳ありません。私、知りませんので、そのうち調べてお答え申し上げます」

「ああ、そうか」

後藤田も、少々しゃくにさわった。

「ですけど陛下、本当の細密な計算なら別としまして、交差点の車の台数なんていうのは、これは相当誤差があっても、交通対策には絶対的に支障はないわけであります」

「ああ、そう」

深追いは決してしない。

のちに後藤田は中曽根内閣の官房長官を三年間つとめた。ある日、天皇に認証官の経歴をご説明したところ、終わって声がかかった。

「なかなか忙しいようだね」

「はっ」

「ときに、どうなの……。官房長官というのは、どういうことをやるの」

突然のことで、何の用意もしていない。十五分かけて説明したが、難儀した。着眼点が異色と言えば異色である。

昭和天皇がなくなられた年の暮れ、後藤田は『内閣官房長官』という本を著した。

「盆栽を持ってくるな」

『入江相政日記』の一九七二（昭和四十七）年七月七日付をみると、次のような記述がある。

「田中内閣は少しづつ出来ていく。三時両院議長、続いて佐藤総理夫々内奏。田中総理の親任式、続いて新総理内奏。この時桂の間の休所でなるべく度々出て上げてくれと頼む。喜んで引受けた。内奏の時あとから聞くところによると贅沢な盆栽を持つてくるなとかアメリカに行くことになつても前総理は随行するななど相当なことを仰有つたらしい……」（原文のまま）

田中内閣発足の日、昭和天皇は新首相にいろいろと注文をつけているのである。その一つが贈り物にストップをかけることだった。

「ぜいたくな盆栽」

と特定しているのは、それ以前に盆栽を届けようとした者がいることを示しているが、それが首相就任前の田中角栄によるものか、ほかにいたのか。

贈り物では、同じ『入江日記』の七四（昭和四十九）年一月二十四日付に、

「十時半といふのが少し遅れて佐藤前総理夫妻参内。金婚式のおよろこびはよかつたが、あれだけ事前にことわつておいたのに黒松の立派な盆栽を持つてきてしまつた。お召で来られた長官とも協議して返すことにする。このことで午前中すつかりつぶれてしまつた」

と憤懣が記されている。二日後の二十六日が、天皇、皇后両陛下のご結婚五十年の記念日になっていた。入江侍従長は宇佐美毅宮内庁長官と相談して、天皇に取りつぐまでもなく祝いの品を佐藤栄作前首相に返す措置をとった様子がうかがえる。

宇佐美長官時代の末期、宮内記者会に所属していた毎日新聞記者、沢畠毅の証言によると、佐藤は首相在任中の某日、宇佐美に、

「皇后様に反物を献上したいが、どうすればよいのか」

と電話してきた。

「皇后様は受け取られませんから、どうぞそのようなご心配はなさらずに」

と断ったところ、佐藤は、

「君は皇后様の着物を見ているのか。ひどいぞ、あれは」

と不機嫌な声で言い、電話を切ったという。まもなく、首相官邸の職員が絹の反物を持って宮内庁にやってきた。坂下門の守衛（皇宮警察官）から連絡を受けた宇佐美は、

「会う約束も、会う気もないから帰っていただくように」

と門前払いした。その足で、宇佐美は宮殿の表御座所に出向き、天皇にいきさつを報告した。天皇は、

「佐藤は何を考えているんだろうね。法律を読んでないのか」

と困惑の様子だったという。法律とは「皇室経済法」のことで、戦後、憲法第八条の「皇室に財産を譲り渡し、又は皇室が、財産を譲り受け、若しくは賜与することは、国会の議決に基かなければならない」という規定に沿って、皇室経済のあり方を定めたものである。

同法施行法第二条は天皇家の「賜与（思召《おぼしめし》）の価額は年間総額九百九十万円、譲受（献上）は同三百三十万円以内とする」（昭和四十七年四月一日現在）と決めている。思召の主なものは、旧皇族や元宮内庁職員、知人友人が死亡した場合の生花代、献上は主として地方から贈られる特産品だ。外国元首らからの儀礼的なプレゼントは含まれない。だから、この法律に照らし、私的な献上品はいっさい受け付けないのを原則にしてきた。

佐藤の申し入れは、相手が首相だけに天皇側には困ったことだった。かりに儀礼的なものとしても一度受け取ると、歯止めが利かなくなる。沢畠は、

「この話は、七七（昭和五十二）年九月ごろ、『天皇家の財産と税金』をテーマに取材中、なくなった宇佐美さんから聞いたんです。昭和天皇は、皇室に関することはどんな

細かいことでも知っておきたいという方でしたから、宇佐美さんは直ちに報告したんだと思います。

また、天皇は大戦の苦い体験から特定の団体、個人とつながりを持つことを極力避けていましたね。あちこちからのアプローチに対しては、宮内庁長官が壁になって阻んでいた。しかし、長官といえども、総理大臣になるとねえ。ことに佐藤さんは『臣、栄作』と言ったり、沖縄返還の式典では『天皇陛下万歳！』を唱えたり、大の天皇ファンでしたから」

と言う。佐藤は反物だけでなく、盆栽も届けようとしたから、天皇は後継首相の田中に前もってクギを刺したのだろう。にもかかわらず退任後も黒松の盆栽を持ち込んだのだから、よほどの献上好きだった。

ところで、佐藤が七年八カ月に及ぶ長期政権の集大成として、沖縄返還に執念を燃やしたことは知られているが、大詰めの沖縄国会が開かれたのは七一（昭和四十六）年十月十八日である。それから返還式典が行われる翌七二年五月十五日までの半年余の間に、佐藤は途切れ途切れの『入江日記』に記録されているだけでも八回内奏に出かけた。実際はさらに何回かプラスされているだろうが、七一年は大晦日《おおみそか》の十二月三十一日まで内奏している。同日付には、

「十時から十一時半まで佐藤総理奏上、あとしばらく話して帰つていかれる」

昭和47年、沖縄復帰記念式典で

とある。「沖縄」に関しては、天皇にこと細かく報告したものと思われる。天皇も沖縄訪問に最後まで執着されたが果たせなかった。武道館の式典では天皇は復帰を喜ぶお言葉を述べたが、翌日、五月十六日付の『日記』には、

「昨日の沖縄の式典の時のお言葉の御不満がお歌の方へはねかへつてきた」

と書かれている。

「陸軍機をなぜ海軍は運ばぬ？」

檜垣徳太郎元郵政相は一九八〇（昭和五十五）年七月から二期二年半、参院の議院運営委員長をつとめた。この間に三回、福田一衆院議長、徳永正利参院両議長らと宮中のお茶の会に招かれている。

最初の時、昭和天皇は顔をみるなり、

「檜垣は戦時中、会ったことがあるな」

と言われた。

「はい、私は（昭和）十九年八月に岡司令長官のお伴をしまして……」

「そうだったな」

というやりとりになったが、檜垣は約三十五年も前の緊張した情景がよみがえる一方で、天皇の記憶力のよさに驚いた。

それは、終戦のちょうど一年前、八月二十日すぎのことである。当時、海軍の艦隊司令長官が交代すると、退任した長官は天皇に軍情奏上する慣例になっていた。この日は、マニラに本拠を置く第三南遣艦隊の司令長官を退いた岡新《おかあらた》海軍中将が皇居を訪れ、副官の檜垣主計大尉が随行したのである。

岡は「カミソリ岡」と言われるほど頭の切れる長官だった。部屋に入り、天皇の前に進みでて奏上文を読み上げた。あらかじめ海軍省、宮内省を通して用意したものだ。檜垣は後方に侍立していた。

「皇居は荒れてるな」

とその時は感じたという。読み終わったところで、天皇が口を開かれた。

「ご苦労であった。岡にひとつだけ聞く。フィリピン戦線は作戦上、きわめて重大な地域になると思う。陸海軍の協調はうまくいっているのか」

「はっ、水ももらさぬ緊密な連携をとっております」

「では聞くが、フィリピン戦線の緊張が増しつつある時、航空力の強化、整備を急がなければならない。陸軍がつくった飛行機は、『秋津洲《あきつしま》』という航空機輸送船で運んでいると聞いているが、海軍には航空機の搭載がほとんどないような航空母艦があるはずだ。あらゆる面で性能のすぐれたその海軍の航空母艦をなぜ陸軍の輸送用に使わないのか」

予想もしない、痛いところを突くご下問である。岡長官は絶句した。冷房もない部屋にじっと立ったまま、岡の軍服の背中に汗がにじみでてくるのが見えた。しばらく沈黙のあと、

「いろいろ陸海軍ともに事情もございます。その点は、今後検討すべき問題だと考えます」

と岡が答えると、天皇は、

「あっ、そう」

と言っただけで、それ以上の追及はされなかった。檜垣が当時を回想する。

「陛下をはじめて見たのは子供の時だよ。郷里の松山で陸軍の大演習があった。大正十年ごろだ。大正天皇はご病気で、陛下は皇太子としてみえて、壇上に立たれた。遠くから県民が大勢見にきて、私も親父《おやじ》に肩車してもらってみたが、えらい姿勢のいい人だなと思った記憶がある。その次が軍情奏上の場面だが、子供の時の印象と同じでまったく微動だにしない。ちょっと前かがみだが、直立不動。沈痛な、厳しい顔をされてました。私らももう勝ち目はないと思っていたが、あっ、陛下もこの戦争の運命はご存じだな、とお顔から想像しましたがね。軍部の内情にくわしいのは、これも想像だが、仲のよかった高松宮さんあたりから聞かれたのではないだろうか」

それにしても、ひと言の言葉もかわしていない若い将校の顔を、長い時を経ても覚えているとは、やはり並の記憶力ではない。

再び、議運委員長のころのお茶の会の席に話を戻すと、徳永参院議長が、

「陛下、ここにいる檜垣委員長は、海軍の時私の上官で、朝から二十回ぐらい敬礼して

おりました」

と言うと、

「おっ、それは愉快じゃのう」

と天皇は声をあげて笑われた。徳永は志願兵から特務士官になったが、檜垣らの最後の勤務地、香川県・詫間の海軍航空隊基地で、ともに終戦処理に苦労した仲間である。国会入りして、地位が逆転した。

また、雑談になって、秋山長造参院副議長（社会党）が質問した。

「陛下は宮城の中を散歩されるそうですが、お堀の堤防の上におあがりになりますか」

「しょっちゅうあがっているよ」

「都内をご覧になられるのですか」

「都内をよく見ているよ」

「どういうことにもっともご関心がおありですか」

「言うまでもないではないか。国会議事堂だよ、アッハッハッハ……」

「恐れ入りました」

と何人かが声にだした。これはきつい皮肉だ、と檜垣たちは感じたという。自民党は大平・福田の対立から泥沼の政争をつづけたあとだけに、なおさらだった。

別のお茶の会の席では、福田衆院議長がたずねた。

「陛下は大変にお元気なようですが、なにか健康法はおありですか」

天皇はじーっと考えるふうだったが、

「別に健康法はないけど、ものごとほどほどということではないか」

と巧みにかわされた。あとで、檜垣が富田朝彦宮内庁長官に、改めて健康法のことを聞くと、

「いろいろとご自分にあうように気をつけておられるが、陛下が『健康のためにこうしている』と言うと、国民がそれをまねして、効果があがらなかった、ということになる恐れがあるから、絶対に言われないんじゃないですか」

と富田は答えたという。昭和天皇は気配りの人、という印象が檜垣には強い。

「楽しみ奪わないでくれ」

檜垣徳太郎元郵政相の追憶談をあと二、三――。

やはり参院議院運営委員長のころだが、昭和天皇が国会の開会式に出席されるのを見ていると、足もとがおぼつかない。階段の上り下りにはらはらさせられる。そこで、檜垣は天皇のご学友で、農林省の大先輩である三宅三郎（故人・元農林省技官）に相談を持ちかけた。

「あなた、ご学友で陛下とときどき食事をともにされると聞いているが、一度申し上げてくれませんか。陛下はご高齢なんで、必ずしも国会においでにならなくてもいいのではないかと思う。皇太子様が代理でみえるということにしたらどうですか。これは私の意見ですが」

しばらくすると、三宅から返事が届いた。

「陛下に申し上げたら、陛下は『檜垣に伝えてくれ。開会式に出ることは何も苦としていない。むしろ楽しみにしているのだから、楽しみを奪うようなことは言わないでくれ』と言われましてね」

それでは仕方ないが、とにかく危なっかしい、というので、手すりを作ったり、階段の勾配《こうばい》をゆるやかにしたり、改造を加えた。一九八一（昭和五十六）年ごろのことである。

翌八二年十一月、檜垣は第一次中曽根内閣の郵政相に就任した。年が明けた三月ごろ、NHK技術研究所を視察しているところに、富田朝彦宮内庁長官から電話が入り、

「陛下がニューメディアについて、大臣から説明を聞きたい、と言っておられるが」

「いいですよ」

ということになった。当時、ニューメディアというのは一種の流行語である。そのうち日程をさしくってと思っていると、富田から二回、三回と催促がくる。

「いつやってくれますか」

「そんなに急がんでもいいでしょう。ちょっと仕事も立て込んでいるし」

「実は陛下は毎日『あれはどうなった』と言われるんです。えらいせっかちな方なもんで」

「それじゃあ、今週中に……」

ということで、檜垣は内奏にでかけた。

「四十五分間はやってくれという。陛下と丸いテーブルはさんで差し向かいで二人だけ。

侍従長もだれも入らない。ニューメディアについて、書いていったものを読んだんだが、陛下は項目ごとにいろいろ質問される。私も素人だが、役人にバカにされたらいかんと思って一生懸命勉強したから、そんなに困ることはなかった」

光通信の説明では、グラスファイバーの現物を持っていった。天皇は手にとられた。

「そうか、これか」

「この銅線は、二千回線分の通話ができます」

「不思議なもんだ」

「光の屈折を利用しまして……」

「ところで、郵政大臣、聞くところによると、札幌から鹿児島までの主要通信網はグラスファイバーに切り替える工事をはじめたそうだが、そうか」

「はい、年内には通信幹線はみなそうなります」

「それは結構だが、もし故障が起きたら国民にも大変迷惑をかけることになる。耐久試験はやっているのか」

檜垣は聞いていなかったが、

「いや、やっておりませんが、グラスファイバーはピアノ線の何倍もの強さがあります。ガラス質で腐食もありませんし、故障の心配はないと思いますが、なお帰りまして技術者に確かめてみます」

と答えた。終わってみると、予定時間の倍の一時間半が過ぎていた。入江相政侍従長が待ち構えていて、

「郵政大臣、ずいぶん時間を使いましたね」

「陛下が次々ご質問になるので……」

「情報メディアについて、陛下はご関心が深いから」

というやりとりもあった。郵政省にもどって、担当者に確かめてみると、耐久試験の発想はまったくなかった。

話はかわる。檜垣が農林省の肥料課長のころ、役人嫌いの河野一郎が農相で乗り込んできて、河野旋風が吹きまくった。五四（昭和二十九）年暮れ、鳩山内閣である。当時局長職の伊東正義らは左遷されたが、檜垣は河野とケンカのすえに息が合い、政界入りのきっかけになった。それはさておき——。

当時、

「河野は陛下を毛嫌いしている。皇室に対する尊敬の念を欠いていて、けしからん」

という風評が立った。農相を連続三回やったが、河野は内奏に一回出向いただけで、

「いやだ」

と言って、あとはいかない。原因はそこにあるらしかった。ある時、檜垣は河野に苦言を呈した。

「ゆくゆくは総理・総裁をねらわれる人が、皇室をないがしろにするようなうわさをたてられるのはよくありません。考え直されたほうがいい」

「それは違うんだよ」

と河野が語ったところによると、一回だけの内奏の時に、林野行政の説明をした。天皇は聞いたあと、

「わかった。造林を大変熱心にやっているようだが、日本の造林は針葉樹を中心に進めている。濶葉樹《かつようじゅ》はどうしているのか」

と質問された。河野はわからない。にらみ返したが全然通じない。仕方なく、

「濶葉樹も適宜、植林いたしております」

と答えたが、農林省に帰って聞いてみると、一本も植えていないことがわかった。河野は、

「恥ずかしくて、二度といけるか。ないがしろなんてとんでもない。オレは『この人にはかなわない』という人が地上に二人いる。一人は天皇陛下、もう一人はフルシチョフだ」

と檜垣にもらしたという。檜垣の解説によると、

「河野さんの眼光はすごくて、大抵ひとにらみで相手は縮みあがるのに、陛下にはまったく通用しないから、ショックだったんだ。いろんな意味で、陛下は完成された方でし

た」という。

昭和24年、第７回通常国会の開会式で

庶民に初めて「あっ、そう」

真珠湾攻撃から五十年が経った。開戦そして終戦のころの昭和天皇を知る人たちはほとんど故人になったが、終戦の一九四五（昭和二十）年暮れ、天皇と直接言葉をかわした生き証人が二人いる。一人は元法相の長谷川峻衆院議員、七十九歳。もう一人は元日本共産党委員長の田中清玄、八十五歳——。

四五年十二月八日は真珠湾攻撃四周年の日だが、同日付の『入江相政日記』には、「宮城県の青年団が今日から三日間宮殿のお焼跡の整理をやつてゐる所へお出ましになり、団長に色々お詞を賜はる。実に感激してゐた。続いて皇后宮もお出ましになる」（原文のまま）

とあるが、団長は鈴木徳一、長谷川峻が副団長格だった。長谷川は、東久邇稔彦首相の秘書官をつとめたあとである。

「首相官邸もゴタゴタの最中で、農林大臣なんかなり手がない。宮城の田舎に帰ったのは終戦の年の十月ごろだねえ。米はないと言ったって、まああるでしょ。天皇陛下に月給をもらったことはないけど、皇居は三月の大空襲で焼けたままだと言うし、進駐軍がきたら威張りだす。国民は放心状態だろう。まあ、お百姓ができることといったら、一つ皇居の草でも刈ってね、草と瓦《かわら》を片づけたらどうか、という話に自然になりましたよ」

といま、長谷川は言う。

それでは、と長谷川は農村と皇室の両方にくわしい、伯爵あがりの有馬頼寧（第一次近衛内閣の農相）に相談にいったところ、有馬は、

「長谷川君、そりゃ早い。オレなんか、いまからサンフランシスコかハワイか、どっかの刑務所に入れられるという話があるくらいだよ」

と反対した。緒方竹虎書記官長（いまの官房長官）にも話してみたが、緒方はやや積極的で、

「どこの役所にも総務課というのがあるから、宮内庁にもあるんじゃないか。そこにいってみろ」

と言う。長谷川は青年団の先輩である鈴木と二人で宮内庁を訪ねた。総務課長は筧《かけい》素彦といった。

「実は皇居の中を清掃してお慰めしたい」

「そうですか。よくそのことに気がつきましたね。いいですよ。いつからにしますか」

「二週間後の十二月八日に」

「それじゃあ、お待ちしてます」

とあっさり決まった。書類をだすわけでもなく、許可証一枚ない。日本の役人も非常の時には決断をするものだ、と長谷川は感心したという。

それから郷里、宮城県栗原郡にとってかえし、青年男女六十三人で「農民みくに（御国）奉仕団」を編成した。東京にくりこむまでの苦労話は割愛するが、汽車の切符と宿舎の確保にとりわけ難儀したという。

開戦記念日の自覚などなく、偶然に十二月八日清掃作業開始。

「なかに入ったら、豊明殿も焼けたまま、きれいな庭があったあたりはもう瓦やらなにやらでガチャガチャ、金庫なんかもひっくり返ったままだし……。まあ、案内役の私としては、作業をしている時に、天皇陛下か皇后陛下が垣根の外ぐらいからご覧になることがありはしないか、という期待感はありました。口にはだしませんよ。青年諸君は持ってきた紅白の餅《もち》をなんとしても陛下に差し上げてくれと言うもんだから、筧総務課長に受けとってもらった。そして、一時間ほど作業をしたら、天皇陛下が歩いてこられたんだ。道なんかないんだから、こわれたコンクリートの土台石を伝ってね。五、六人侍従服を着た職員を連れて、よれよれの中折れ帽をかぶって、靴はまくれてたなあ。とにかく、陛下が庶民に会うのはこれが初めてなんだから。日本の歴史はじまって以来です

昭和60年、天皇誕生日のお祝いを奉仕団から受ける

よ。こう、空に向かって、一言ずつしゃべられるんだなあ。『あっ、そう』というのは、その時からはじまったんだから」

天皇は、

「どこからきたか。何を食べているか」

などと聞かれた。長谷川は、

「米は口に入りません。供出しているものですから」

と答えた。団員は作業の手を休めて、ただ立っていた。約十分ぐらい。帰っていかれる時、だれかが、

「長谷川さん、君が代を歌いましょう」

と言い、歌いだした。天皇はその間、足を止め、背中を向けたまま立っておられた。二、三十分すると、今度は皇后陛下がやってこられた。天皇のお勧めだった、とあとで聞いた。

役場の職員をしている女性団員が前にでて、話のお相手をした。黒い上っ張りのすすけた職員服に手は真っ黒、前日から風邪もひいていたが、仕方ない。皇后は牛革みたいな、あまり上等でないオーバーを着ておられた。

「何を食べていますか」

と聞かれた。当時は食べ物の話がなによりも先行した。

「つめえりです」

と女性団員が答えた。田舎の方言である。

「それはどんなものですか」

「みそ汁に、粉を練ったものをとぽんとぽんと入れます」

「それは、東京ですいとんと言いますよ」

この「すいとん問答」にはみんな感激した。一日延ばして、結局四日間作業し、最後の夜、二重橋の前に整列した。侍従次長がきて、ねぎらいの言葉のあと、

「あなた方が持ってきた餅だが、皇居では国民からいただいたものを直接口には入れません。だから、頼んでアラレにしてもらって、皇太子殿下はじめ全部皇居に集めて『いま時、こういう人たちがいる』とお話しになりながら食べましたから」

と言った。全員、真っ暗な二重橋を渡り、外に出てから万歳をして帰った。

これが皇居清掃奉仕団の始まりである。のち全国の県に広がった。

異色な「一時間の会見」

元共産党委員長、田中清玄と昭和天皇との「一時間の会見」が行われたのは一九四五（昭和二十）年十二月二十一日である。この異色の組み合わせが実現するまでの経過はドラマチックで、敗戦前後の混乱期を象徴するものでもあった。

田中が、戦前の武装共産党リーダー、戦後の天皇崇拝者、右翼イデオローグ、石油フィクサー、国際情報通として、昭和裏面史を彩ってきた人物であることはよく知られている。すでに八十五歳、静岡県・伊豆高原の別荘地でおだやかな老後を送っているが、四十六年前の天皇との語りあいについては鮮明な記憶が残っていた。

田中が治安維持法違反で捕まり、十一年ぶりに刑務所を出たのは一九四一（昭和十六）年であった。日米開戦の半年前である。獄中転向組だった。

「刑務所を出てすぐ明治神宮を拝して、まっ先に東京・谷中の全生庵の座禅会にいったんです。そこで、三島からおいでになっていた山本玄峰老師にお会いした。『修行させてほしい。自分の本当のルーツを発見したい』とお願いしたら『よし、分かった』と。

マルクス主義や日本の『惟神の道《かんながら》』という狭隘《きょうあい》な一神論的なものでは納得できないですからねえ。刑務所の中ではずいぶん歴史を勉強しましたから。また、私のことで母親を自殺させているし、天皇制反対をやっている。これは日本人として最悪だ。埋め合わせをせにゃいかん、ということがありました。その足で玄峰老師の三島・竜沢寺に入山し、満三年、雲水として修行したんです」

戦争末期、この竜沢寺には、玄峰老師と会うために、多彩な人物が出入りしていた。米内光政海相、伊沢多喜男枢密顧問官、富田健治書記官長、鈴木貫太郎首相、迫水久常書記官長、吉田茂、樺山愛輔元日米協会会長、安倍能成、岩波茂雄ら、日独伊三国同盟に反対で、戦争の早期終結を求める和平派の面々が目立った。その一人が菊池盛登静岡県知事である。田中とは特に昵懇だった。

菊池は終戦の年の九月に知事から禁衛府（のち宮内省皇宮警察署）次長に転じ、翌年一月、禁衛府長官になる。一方、田中は竜沢寺の修行を終え、民族再建・国土復興を意図して食糧増産とエネルギー開発の事業を手がける。

「菊池さんは非常に正直な人でした。皇室が無防備になったものだから、陛下のご一族を守ると、皇宮警察を再組織したんです。軍の言うとおりには決してならなかった。軍の独裁が日本を毒し、陛下を毒したことを、竜沢寺にきて話しておられた。ところが、敗戦後、みんなが天皇制に批判的なことを言いだすんですよね。腹が立ったから『朝日』にしゃべった」

田中は、やはり玄峰老師によく会いにきていた朝日記者の縁で、『週刊朝日』から「これからの日本をどうするか」というテーマでインタビューを受けた。

「まず食糧の増産と電力の復興、開発が第一で、そのために石炭と水力の確保に全力を集中する。また廃墟となった都市の整備も緊急の課題だ。それには、日本の国民的一致協力が必要だが、幸いなことに、日本は天皇という二千年にも及ぶ民族統合の歴史的実績を持つ中心があり、国民の非常な尊敬を受けてきた。この天皇と皇室こそは、日本復興の原動力として絶対に必要だ。天皇制という国体を護持する」

という趣旨のことを田中は答えたという。それが掲載されたために反響を呼び、天皇制をめぐる賛否の論議に火をつけた。

十一月になって、菊池から話があった。

「あなたは日本復興のために一生懸命やっているが、皇居を拝観したことはありますか。ないのなら私が便宜を図ろうじゃないか」

「それは、ぜひ」

まもなく、

「十二月二十一日午後二時、坂下門から入って宮内省にくるように。平服でいいから」

と連絡が入った。前日になると菊池はこう言って、田中を驚かせた。

「田中さん、あなたは陛下を尊敬している。ひょっとすると拝謁できるかもしれませんよ」

「不可能ではないのですか。考えもしなかった」

「いや、できる」

「喜んでお会いします」

「生物学御研究所にも案内する予定だから、あなたが拝観している時にたまたま陛下がお越しになって、よい機会だからお会いしたという形にしますから。くれぐれも平服で、モーニングなんかでなく」

と念を押した。

当時の侍従次長、木下道雄が残した『側近日誌』の十二月二十日付、つまり田中が天皇と会う前日の記述には、

「聖上に拝謁、田中清玄に御会いを願う。週刊朝日に同氏の記事あり、御覧に入れる。明日生研にて謁を賜う事、御許を得たり。右は大臣、次官、侍従長、同意なり、これは次官の熱心なる希望に基く」（原文のまま）とある。

宮内次官は大金益次郎、翌年五月大金は侍従長になった。菊池—大金の連係プレーで、田中の天皇会見が実現したものと推測される。

当日、宮内省に着くと、まず大金から、

「きょうはいろいろとご下問があるかもしれないが、遠慮なく思うことをお話ししてください。あなたは思うことをズバズバ言う方だから、その通りにやってもらいたい」

と注文された。

「私は専制君主ではない」

なぜ田中清玄が昭和天皇に会うことになったかは、必ずしもはっきりしないが、側近たちの配慮があったと思われる。世情は混乱の極で、占領下、天皇の退位論や戦犯指定を求める議論がさかんだった。左翼から転向して天皇制護持を強く主張する田中との会見は、天皇をお慰めすることになる、と判断したのだろう。

当日（一九四五年十二月二十一日午後）、大金益次郎宮内次官と入江相政侍従が田中を皇居の生物学御研究所に誘導した。会見の場には、さらに石渡荘太郎宮内大臣、藤田尚徳侍従長、木下道雄侍従次長らが同席した。

田中はひどく緊張している。天皇の前でまずこう発言した。

「私は陛下に弓を引いた共産党の委員長をやり、今日では根底から間違っておることが分かりました。天皇家がご健全で、歴史的に何千年も続いてきたことが、日本民族を社会的に融合し、政治的に統合し、日本を今日まで存続させたのです。陛下に対しては心から敬意を表明しますが、私も罪業の深さを身につけております。それで、竜沢寺の山本玄峰老師のもとで修行させてもらっております」

「玄峰さんはご健在か。よく伝えてくれ」

と天皇は応じられた。田中の師である玄峰老師は、終戦の前、静岡県沼津の御用邸で過ごされていた貞明皇后（昭和天皇の母君、一九五一年五月十七日ご逝去）と接触が深く、

「皇太后様は、戦争で国民にこれ以上の苦しみを与えたくないと、いかい（大変、の意）心を痛めてござるわ」

と老師は田中らにもらしていたという。この玄峰老師との因縁も、会見実現のきっかけになっていたかもしれない。

天皇からはいろいろとご下問があった。田中の先祖が家老をつとめた会津藩のことからソ連問題まで。ソ連については、

「ソ連は警戒してください。スターリンは共産主義者でもなんでもなく、強権主義者です。彼はグルジア人で民族結合を一番こわがっている。GPU（KGBの前身）からスラブを放逐し、殺して、グルジア、コーカサスなどの異民族で握り、トロツキー、クイビシエフ、レーニンの奥さんも殺しました。日本の解体、天皇制の廃止を狙ってます……」

などと田中は説明し、やりとりは多岐にわたった。天皇はうなずきながら、言われた。

「田中、どうだ。何か足らんものはあるか」

「今日は本当にありがたいと思いました。陛下にここでお約束申し上げます。また、私の望みでもありますが、三つございます」

「………」

「第一に、陛下はご退位なさってはいけません。軍は陛下がお望みでない戦争を押しつけてきた。国民はそれを陛下のご意思のように曲解しております。ご退位などもってのほかで、日本民族の国民的統一が失われたら、日本の復興は不可能と考えます。摂政の宮を置かれるのもいけません」

「………」

「第二は、皇室財産をみんな投げ出されて、戦争で傷ついた者、家を焼かれた者、戦線で倒れた者を救っていただきたい。そうすれば国民も感奮し、陛下と皇室を守ろうといたします。非常に僭越《せんえつ》ですが、ぜひご断行願いたい」

「分かった」

「三番目に、国民は復興に立ち上がっております。工場で、鉱山で、農村で、立ち上がっています。陛下はその先頭に立って、ご激励願いたい」

「田中は、横浜、沼津、三島の復興に力を注いでいるそうだな」

「はい」

「ほかになにか申したいことがあるか」

「昭和十六年十二月八日の開戦には、陛下は反対でいらっしゃった。どうしてあれをお止めになれなかったのですか」

「私は立憲君主であって、専制君主ではない。臣下が決議したことを拒むことはできない。憲法の規定もそうだ」

とはっきり言われた。四十五年後のいま、田中は述懐する。

「それを聞いて、私はびっくりした。我々は憲法を蹂躙して勝手なことをやって、私なんか治安維持法に引っ掛かっている。陛下はこんなにも英明で、水晶のように透き通った方であったかと。私は思わず『天皇陛下を私はお守りします。天皇制の廃止論に対しては戦います』とお約束したんです。あとになって、入江さんから『陛下にお約束したのだから、あなた、裏切ることはできませんね』と言われましたよ。思うとおり申し上げたので、いまも少しも変わりません。私がお願いしたことは、いずれも陛下はおやりになった。マッカーサーはあわてて皇室財産凍結令を出したでしょう。あれは陛下のご意思です。また、翌二十一年になって、横浜からご巡幸なさったですね」

会見時間は二、三十分の予定が一時間を回っていた。終わって部屋からでてくると、側近たちが、

「我々が言えないことを本当によく言ってくれた」

とねぎらってくれた。

田中はこの会見の一部始終を、玄峰老師と前首相の鈴木貫太郎に報告した。鈴木はうなずくだけで、何も語らなかった。翌年、親しくしていた当時外相の吉田茂にも伝え、あとは沈黙を守っていた。

十年前、長らく宮内庁長官をつとめた宇佐美毅と対談した折、田中がはじめて会見の話をすると、宇佐美は初耳でびっくりしたという。

奄美返還に「思召外交」

戦後の外交交渉に、昭和天皇がどのようにかかわったかの事例を一つ紹介しておきたい。

奄美大島群島返還の日米協定が調印されたのは、一九五三（昭和二十八）年十二月二十四日のクリスマスイブである。対日平和条約の発効（独立）から約一年半、本土復帰を願って、署名運動や断食までやってきた二十四万島民の喜びははかり知れないものがあった。

この調印の約四カ月半前、八月十一日夕刻に、当時の岡崎勝男外相から新木栄吉駐米大使あてに極秘の暗号電報が発せられた。件名は「奄美群島返還に関する陛下の思召《おぼしめし》の件」。電文には、

「十一日、本大臣より奄美群島の返還に関するダレス長官との会談について内奏し、かつ同長官より陛下によろしく申し上げられたしとの趣旨を執奏したるところ、陛下はことのほかご満足に思し召され、米国政府ことに大統領および国務長官の好意ある取り計

らいを多とされる旨のご沙汰《さた》があった。ついては貴大使よりダレス長官に右伝達ありたく、また同長官より大統領にも同様伝達あるよう取り計らわれたい」

と記されていた。外務省に残されている電報起草文をみると、「ご沙汰」の次に、いったん「ご沙汰があり、米国政府にこの旨伝達するようご下命があった」と書き、棒線で消したあとがある。「ご下命」はまずい、と起草を担当した外務省アジア局の幹部か首脳の一人が削除したものと思われる。

この夏、ダレス米国務長官は朝鮮に飛び、朝鮮戦争休戦協定と米韓相互安全保障条約に調印した。帰国途中の八月八日、ダレスは日本に立ち寄り、吉田首相、岡崎外相と会談して奄美大島群島を日本に返還する意向を伝えたのである。

ダレスと日本の縁は深い。対日平和条約をまとめた立役者でもあった。トルーマン大統領の特使として一九五〇（昭和二十五）年に初来日して以来、関係各国を精力的に回り、日本にも三度やってきて、講和への道筋をつけている。

岡崎は、ダレスからの、

「陛下によろしく」

との伝言を携えて、三日後の十一日午前十一時、皇居に天皇を訪ね、内奏した。内奏文も記録として残っているが、岡崎は、

「米国の返還の意向は、わが国民および政府の熱意が米国朝野を動かした結果でありま

して……」

などと述べ、外務省に戻ると、その日のうちにさきの新木あて打電をした。

十三日朝、新木大使から岡崎に至急電が届く。件名は「奄美群島返還に関する陛下の思召伝達の件」。電文は、

「本使十三日午後四時（華府時間）ダレス国務長官に会見し奄美大島返還に対する謝意を伝達する予定なるところ、この際特に申入れを行うべき事項並びに本使の心得おくべき事項あれば折り返しご訓電相成りたし」

というものだ。直ちに岡崎から新木への返電。

「ダレス国務長官東京滞在中のステートメントにては返還せられる対象として、単にAmami Oshima Group とあり、わが方としては旧鹿児島県の全島嶼《とうしょ》＝与論島および沖永良部島を含む＝と解しおれるが、この点につき貴大使においても念を押しおかれたく、また今回の措置によって解決をみなかった小笠原および沖縄の問題の解決に対しても、今後ぜひとも配慮ありたき旨申し添えおかれたい」

折り返し、新木・ダレス会談の内容を報告する極秘電が入る。ダレスはこの席でいろいろなことを言っている。奄美問題では、

「返還する諸島は戦略的価値が比較的少ないと判定したからだが、正確な範囲は即答できない。原則的な考え方としては、旧鹿児島県に所属していた地域だから、与論島など

も含まれる。与論島と沖縄本島との間に普通の地図にないぐらいの二、三の諸島があるが、これについては国防省と話し合って決定、通報する。（ついで微笑しながら）ソ連政府もこの例にならい歯舞島を日本に返還することになれば望ましい」と語った。あとは苦言ばかりで、①今回の返還は国防省の反対を抑えて決定したのに、もう沖縄、小笠原の希望を持ち出されては自分の立場がない。いまは触れないことにしたい、②吉田首相はサンフランシスコ講和会議の際、「将来、沖縄、小笠原などの戦略地点の防衛を日本が引き受ける態勢ができた時は、返還してくれ」と言ったが、今度日本に行ってみると防衛態勢は進んでおらず、返還は問題にならない、③日本はせっかく朝鮮事変で思わぬドル収入があったのに、これを不要不急のぜいたく品の輸入などに消費し尽くさんとしている、④吉田首相が言う軍備を急速に進められない理由は、いずれも納得がいかない。ことに国会で不評判と言うが、それは米国も同じで口実にならない――といった内容だった。

さて、八月二十八日、岡崎は田島道治宮内庁長官に「奄美群島返還に関する天皇陛下の思召伝達に関する件」という表題の文書を送った。天皇の思召をダレスに伝えたところ、ダレスは大統領に伝達することを約束した、という報告である。

さらに九月一日、新木から岡崎に電報。ダレスから「大統領に伝えた」という書簡を受け取った、とあった。

天皇の思召をめぐって都合五回、東京・ワシントン間を暗号電が飛び交ったことになる。思召伝達のための会談の場を活用して、微妙な外交折衝もやられている。言ってみれば「思召外交」のようなものだった。

以上の電文、文書は一九九一年十月の第十一回外交文書公開で、はじめて明らかにされた。

「靖国問題など処置は適切」

中国、韓国に対して、昭和天皇が強い贖罪《しょくざい》の気持ちを持っておられたことは再三触れてきたが、それとの関連で書き残したことがある。歴代政権を悩ませてきた靖国神社の参拝問題と中・韓の反応に、天皇は関心を示され、発言もされていた。

中曽根康弘が靖国神社に首相としてはじめて公式参拝したのは、一九八五（昭和六十）年八月十五日である。

「あれは終戦四十年目の一つの区切りだから、私は一回は総理大臣が公式参拝しておかなければいかんと考え、梅原猛さんなんかの懇談会で憲法違反にはならないというのを出してもらって、行ったわけです。官房長官（藤波孝生）の談話も発表して行ったのだが、中国から反応がでてきた。そこで翌年は稲山（嘉寛・当時経団連名誉会長）さんに中国へ行ってもらって、『今年また続けるのはどうだろうか』と打診した。そしたら、稲山さんの報告は『やめた方がいい』と。というのは、万里（当時副首相）とか谷牧（同、国務委員）とかの幹部が朝早く稲山さんの宿舎にきて、青くなって『ぜひやめてくれ。これは権力闘争の材料に使われる』と言ったそうです。いまから考えると胡耀邦追放がからんでいたわけですね。それで私はやめたわけです」

と中曽根は当時の内情を語った。公式参拝中止への反発は、こんどは右翼の側からで、八六年八月三十日早朝、群馬県高崎市にある「中曽根家累代之墓」に、参拝をうながす横断幕が張られ、「英霊に対し、中曽根首相は参拝を断固実行すべし　日本青年社」などと書いたベニヤ板が立てかけられたりした。中曽根は、

「先祖の墓にああいうことをするとは許せない。言論で堂々とやればよい。卑怯なやり方だ」

と怒ったが、公式参拝問題は、やれば外から、やらなければ内から攻撃材料にされる複雑さをみせていた。

同じころ、藤尾罷免事件が起きている。当時の藤尾正行文相が月刊誌『文藝春秋』に「〝放言大臣〟大いに吠える」の題でしゃべったなかに、

「日韓併合は韓国にも責任がある」

などと不穏当な個所があったためだ。もともと藤尾へのインタビュー話が持ち上がったのは、中曽根が公式参拝を見送る一方、藤尾ら「靖国閣僚」十六人が堂々の参拝をした直後だった。インタビューの雑談部分では、

「倒閣の覚悟……」

ともとれる発言もあったという。韓国側は、

「日韓国交正常化以来、最大の事件だ」

と態度を硬化させ、中曽根は藤尾に辞任を迫るが、藤尾は、

「打ち首にしてください」

の一点張り。やむなく、自民党結党後はじめての閣僚罷免に踏み切った。九月八日のことである。

十二日には、改憲団体「日本を守る国民会議」主催の「『藤尾発言』を支持する緊急集会」が開かれた。出席した衆院議員の平沼赳夫は、前日会った中曽根が、

「一議員ならともかく、総理大臣という立場の制約がある。妥協もしたが、自分は妥協できない一点を持っている。それはこの日本の天皇様を守るためには、どんな妥協もしない」

と述べたことを披露した。

折から臨時国会。就任したばかりの土井たか子社会党委員長は代表質問で、

「靖国神社の公式参拝をとりやめたことや藤尾前文相を罷免したことに敬意を表するが、これら一連の措置に首相の責任はないのか」

と追及、中曽根はこう答えた。

「靖国問題ではその後いわゆるＡ級戦犯合祀《ごうし》の問題が惹起《じやつき》された。やはり日本は近隣諸

国との友好協力を増進しないと生きていけない国である。日本人の死生観、国民感情、主権と独立、内政不干渉は厳然と守らなければならないが、国際関係において、わが国だけの考え方が通用すると考えるのは危険だ。アジアから孤立したら、果たして英霊が喜ぶだろうか。孤立して喜ぶのはどこか、外交戦略としても考える必要がある。藤尾問題は、現職大臣の発言として部分的に妥当を欠き、日本の立場に重大な疑惑を生じる恐れがあると判断し、解任した。遺憾な事態だったが、アジア各国に対する友好姿勢は一貫しており、変わることはない」

まもなく、富田朝彦宮内庁長官から中曽根のもとに、天皇の伝言がもたらされた。

「靖国の問題などの処置はきわめて適切であった、よくやった、そういう気持ちを伝えなさい、と陛下から言われております」

一件落着したあとに、天皇が価値判断を加えた感想をもらされるのを、政治的にどうみるか。議論のあるところかもしれないが、中曽根は、

「そういうお気持ちを持たれたのは、中国、韓国に対する贖罪感がお強いということで、良心的で潔癖な方だったことが分かる」

と述べた。

ついでながら、歴代首相のなかでも、天皇と中曽根の間柄は、好ましい雰囲気だったようだ。一九八三（昭和五十八）年六月七日付の『入江相政日記』だから、首相就任か

らまだ半年ほどだが、次の記述がある。

「十一時より零時二十分迄総理。終つて皇后さまのお菓子を伝達。今までの総理はお菓子は秘書官に持たせたが、中曽根さんは自分で持つて乗つた。お上も今までの総理よりはづつとよく話してくれ、話もよく分るしいゝ総理だとおつしやつてゐた。……」

そんなこともあって、天皇は中曽根の政治を好意的にみていたと思われる。

開会気遣い、早歩き

昭和天皇が最後に出席した公式行事は、一九八八（昭和六十三）年八月十五日の全国戦没者追悼式である。

前年の九月二十二日開腹手術をしたが、このころは小康を保っていた。夏が近づくと、恒例の追悼式にはぜひとも出席したいというお気持ちが強く、那須の御用邸に行かれて体調を整えたという。当日、東京・九段の日本武道館で、先導の役割は毎年厚相の担当と決まっていた。

藤本孝雄厚相は前日の十四日、会場の武道館に出向いてリハーサルをした。先導の歩調はこれぐらいのスピードでどうかなと思って、ゆっくり歩いてみたが、宮内庁の職員から、

「大臣が思っておられるより、陛下の歩くスピードは速いですよ」

と言われた。先導役というのは意外にむずかしい。うしろを振り返りながらするわけではないから、天皇の歩調に合わせる工夫をするほかないからだ。

昭和63年、戦没者追悼式の後、ヘリで那須へ

藤本の回想では、

「本番になってみると、陛下の歩調は思っていたよりもかなり速かった、というのが実感でした。当日、午前十一時四十分すぎ、陛下のお車が到着し、車から降りられる。私は武道館の入り口でお迎えするのだが、お車の床は高いから、扉のところに足をかけるステップの台を置く。その段取りに予想以上時間がかかったんですが、陛下はジーッと待っておられた。とにかく先導をはじめてからは、全身を耳にして、陛下の足音だけに耳を澄ましましたが、『君が代』が鳴りだすし、聞きとるのはほとんど無理でしたね。ただ、私の場合は、じゅうたんの上を目標に向かって歩くだけだから、先導役としては楽なほうで、植樹祭などに行かれると、陛下は先導なんかおかまいなしに、あっちに行ったりこっちに行ったりされる。ことに植物は関心がおありだから、うしろを向いたら陛下がおられなかった、というようなこともあって、先導役は弱ったらしい」

追悼式のあと、厚生省の担当官の話として、天皇は車を降りるのに手間どったので、会場の壇上まで歩かれる時間を例年より短縮された、という記事がでた。藤本が確かめてみると、毎回時間を記録している係官がいて、十五秒縮まっていた。開会がおくれるのを気にして早めに歩かれたのだろう、と藤本はみている。

ところで、天皇には外出のたびに先導役がつくが、説明役と違って言葉をかわすことはない。藤本の場合も、ひと言のやりとりもなかった。しかし、

「最後の行事になったものだから、田村元さん（元衆院議長）から『君は歴史に残る厚生大臣になった』と持ち上げられましてね。光栄なことだったと感激していますし、あの時のことは脳裏に焼きついている」

と藤本が言うように、強い印象になって残っている。

鈴木俊一東京都知事も昭和天皇を先導した経験が多かった。一度だけ、例外的に言葉をかわしたことがある。天皇は毎春、多摩陵に参拝されたあと、ご希望のところに立ち寄られる。一九八六（昭和六十一）年四月十六日は、

「井の頭公園の淡水魚を見たい」

と言われた。東京・吉祥寺の井の頭自然文化園のなかにある「水生物館」である。約百種類の淡水魚や爬虫類を一時間近くご覧になって外にでられた。鈴木が先導する。ところが、天皇は突然鈴木のところまで追いついてきて、

「学習院の初等科に行ってる時に、ここにきたことがある。それ以来だ。きょうはとても楽しかった」

と話しかけられた。

「ああ、そうですか」

と相づちを打ったが、意外なことだった。あとで富田朝彦宮内庁長官は、

「ああいう状況で、陛下が歩きながら話をされることは、いままでまったくなかった」

と鈴木にもらしたという。少年時代の日々が急に思い起こされて、だれかに告げたかったに違いない。

鈴木の場合は、毎年、年末の都政ご進講が慣例になっていた。

「時間は一時間、ちゃんとこう手をひざの上に置いて、体を動かさないで、時には目をつぶったりしているんですがね。終わったら途端に次々とご質問なさる。大変に記憶力のいい、頭の回転のいい、従って鋭い質問をなさる。返答に困ったこともあります」

鈴木の記憶に残っている一つに、三宅島の噴火（一九八三年十月）のあとのご進講がある。三宅島には大路池というのがあって、噴火ですっかり埋まってしまった。池には天皇がご研究の藻がたくさんあるが、それもやられた。灰を除き藻を復活させる作業の最中だったが、天皇は噴火の前の年、三宅島を視察して、池の端から端まで丹念にご覧になっている。

「大路藻はどうか」

と聞かれたが、鈴木には分からない。

「東大の植物の教授を呼んでおいて答えてもらったからよかったんですが、その先生でもお答えできないことがありましたね」

という。東京の水から、パンダの消息まで、天皇は幅広い関心を示された。

「こういうことを申し上げては失礼になるかもしれないが、陛下とは非常に親しくしていただいた感じがありますね。お会いできたのも一番多いと思います。どの政治家よりも。陛下は生涯現役なんです。やはり、座っていらっしゃることが、日本全体の国家としての安定性に非常に関係があるんじゃないかと思いますね。マッカーサー（連合軍総司令官）はそういう陛下の人格、人柄というものを実感したんじゃないでしょうか。陛下に会って話をするだけで、伝わるものがあったのでしょう」

と鈴木は昭和天皇観を語った。

「ぐれん隊が右翼のよう」

前章では昭和天皇のご先導役の話をしたが、警護の立場から天皇はどう映ったか。原文兵衛元警視総監（のち参議院議員、環境庁長官）に聞いた。

原が天皇について、もっとも強烈な印象として記憶しているのは、一九四五（昭和二十）年三月十日、東京大空襲の時である。当時、原は警視庁警務課長、三十一歳。

「隅田川の向こうは全滅ですよ。百万人の罹災者《りさいしゃ》がでて、十万人が亡くなった。そこで、天皇陛下が被災地をご視察される、十八日にお出ましということになった。陛下が行幸される時には、当時は『鹵簿《ろぼ》』と呼んでいたんですが、行列ですね。東京は警視庁が警衛する。普通は鹵簿の一番前に警衛課の警部が前駆となってつき、一番後ろが警衛課長（警視）、後駆というわけです。さらに警務部長が鹵簿の外の列外に随従としてつく。戦前はご警衛が非常に厳重で、道筋を十日も二十日も前に全部調査するわけだね。ところが、三月十日の空襲でそんな暇がない。死体を片づけるだけでも十日ではできない状況だから。警察通信も空襲でだめになって、なにも連絡方法がないんです。だから、なにかあった時には、その場で処置をしなくちゃいけない。それで、本来の警衛課警部でなく、警務課長（警視）のぼくに『前駆をやってくれ。もしなにかあったら、君の判断で処置しろ』と大役をおおせつかった」

さて、当日である。

「道筋は皇居から出て、永代橋を渡って、富岡八幡宮に。もちろん焼け野原だったけど、ちょっと本殿のところが小高くなっている。そこで陛下が立ち止まって被災状況をご覧になる。被災の一番ひどいところだから。それからまた、車でずっと回る。これはねえ、率直にいって、死体は片づけきれていない。市電の架線が下がっている。そういうなかでの行幸だった。まだ宮殿は焼けてなかったんだ。二重橋を渡って東車寄の所で陛下は降りられて、宮殿の中に入られるのを見送って、本当に自然に涙がでたねえ、どうしてだかわからないけど。まあ、大任を果したということと、この惨状を陛下がご覧になって、どういうお気持ちであったかということが入りまじって。ぼくは前駆だから、陛下のそばには寄れない。警視総監、東京都長官もおられたけど、ご説明するのは、当時の内務大臣、大達（茂雄）さんだね」

戦後、原は昇進して一九四八年から約七年は、警備部長をつとめた。こんどは前駆でなく随従として天皇が皇居からでられるたびに必ずお供をする。

「これは数えきれないくらいやった。ご視察の時なんかは動いておられるからいいんだけど、式典みたいに長い会合の時には、なかなかこうキチッとしていらっしゃれない。戦前は微動もしなかったのに、やっぱり大変なご心労の結果じゃないかと想像したわけです。

物腰や動作とか割合ぎこちなく、帽子を振るんだって、ギッ、ギッと。しかし、スマートじゃないけど、なんかこう温かい情にあふれているというか、笑顔もやさしくて、言葉のかけ方なんかも『ご苦労だったね』『大変だったね』というのが、実にいいなあと思うね。こうやれば自分がこう思われるとかいうことがないんだよね。まったく私心がない。それは帝王学じゃないかな」

さらに一九六一年から四年間は警視総監をつとめた。毎年暮れに、東京の治安状況について約三十分内奏する。天皇はいろいろなことをよく知っていて、ご質問の幅が広い。

「少年の犯罪がずいぶんふえているようだけど、どうしてか。戦争も影響しているのだろうか。生活がよくなり、娯楽が多くなったことも原因になっているのだろうか」

「やはり戦争の影響が大きいのではないかと思われます」

といったやりとり。このころ、原を驚かせたのは、

「ぐれん隊が右翼のようなことをすると聞くが……」

というご質問だった。六三年暮れである。当時、関東の八つの暴力団が全部政治結社の届けをだして、政治団体まがいの活動を始めていた。警視庁は六四年の重点目標とし

て、東京オリンピックを成功させることと組織暴力取り締まりの二つを掲げていた。そのために暴力団担当の「捜査四課」も新設したところだった。原は、

「これについては、警視庁をあげて徹底的に取り締まるつもりでございます」

と答えたという。

いまひとつ、原の記憶に鮮やかなのは、一九五九年四月十日、皇太子殿下（現天皇）ご結婚の日だ。新婚のご夫妻のオープン馬車が二重橋から出てきて、祝田通りにかかった時、石を投げた男がいて、石は車に当たった。原はこの時、警視庁筆頭部長の警務部長、ナンバーツーのポストだ。

「これは昔なら大変なことになる。警視総監は辞めなくちゃいけない。やっぱり警衛のミスだから。

総監以下ぼくら部長は、前の警視庁のお濠端《ほりばた》に整列して、鹵簿をお迎えしようと立っていたが、情報がすぐにきたんで、ぼくはびっくりして、さっと列を抜けて警察庁長官のところにすっ飛んで行ってね、『実はこういう事件があって、大変なことだが、昔なら警視総監の進退問題になります。しかし、いまの時代、みんな一生懸命やっているんだから、もちろん真剣に謹慎はするけど、辞めるということにならないようにお願いしたい』と言った。

長官も『原君、わかった。私もそう思う』と。陛下や皇太子のご意思も、そんな辞め

るなんてことじゃないと思いましたから。

昔は、下の方で陛下のご意思でないことをやっちゃってるんだよ。だから、陛下のお気持ちがゆがめられることがずいぶんあったわけだよね」

約二十年間、原が警護しながら見てきた昭和天皇は、直接は言われなかったが、なるべく国民と近づきたい、というお気持ちを強く持っていたとも言う。

「木村外相の留任がいい」

宮沢喜一首相には、首相就任の直前に出版した『戦後政治の証言』という含蓄深い著書がある。だが、同書には、昭和天皇の記述は一行もない。あえて触れるのを避けた印象がないでもない。

宮沢に天皇観を聞いた。首相指名を受ける一週間前の一九九一（平成三）年十月二十七日、自民党総裁選挙の日である。宮沢は一九六二（昭和三十七）年七月に経企庁長官で初入閣して以来約三十年間、通産、外務、官房、大蔵の主要閣僚を歴任しているので、昭和天皇と相対したことも多かった。

「ええ、何度もお目にかかっている。割にお伺いした回数は多い方かもしれません。申し上げることを熱心にお聞きになって、もうこれで失礼した方がいいのかなあと思って『それでは』と言うと、『それでねえ』と随分いつもご下問があって、大変いろいろなことをご存じで……。なにかをおっしゃられて、こちら側が十分申し上げられないことだと、すぐ話をかわしてくださるんで、大変思いやりの深い方でしたね。私はいつもご尊敬申し上げていました。陛下の前では、緊張もするんですが、ただ、私なんかにとってはむしろオヤジでないにしても、お年が大分上なもんだから、こちらがいくらか甘えるような気持ちもあったりして、緊張ばかりでないところもありましたなあ」

――戦後政治の中での昭和天皇の位置、どのように性格づければいいのでしょう。

「終戦という事態は、天皇制にとっては非常な危機だったでしょうからねえ。しかし、あの昭和陛下がおられたんで、そこは立派に乗り切られたというか、危機感にもならずにすんだ。やっぱり、人間というのは失礼な言い方だが、人間としてもこれだけのお方はなかなかいらっしゃらないという感じが私どもの年齢のものには強くある。お人柄なりご見識がね。戦前、いろいろと憲法との間、立憲君主としての与えられた枠組みの中で、常に行動されようとしたことのご苦心みたいなことは、それとなく私どもみんな分かっていますもんでねえ。それだけよけいに、ご苦労されたんだろうという感じが強いです」

――天皇とのやりとりで、特に印象に残っていることは。

「なにか言うと必ずそれに入りますから、いっさい申し上げないのが、これはルールだろうと。所管のことは大抵申し上げてきました」

――政治家の側には、天皇が政治に直接かかわらない、という点での配慮が常にあったと。

「ええ、そうかもしれませんねえ。ポリティカルに少なくとも申し上げるようなことはしてはならないと、それはそうじゃないですか」

——あれだけのご長命は、日本にとってハッピーなことだった……。

「まあ、非常にそう思います。世界もみんな知っていたし」

宮沢の話は終始、抑制されたものだった。天皇の存命中には、具体的に語るべきでないという不文律があって、亡くなったいまもそれが貫かれている。だが、なにが具体的かの線引きはむずかしいことなのだろう。

語りすぎると、天皇の存在がぎらつくし、語らなさすぎると天皇像が見えてこない。天皇と接触した政治家たちは、適度に語ることの意味あいを、各人各様に瀬踏みしているように思える。宮沢はそれをかなり厳密にとらえていた。

天皇の側から見る政治家は、たとえばこんなケースがあった。一九七四（昭和四十九）年十二月九日は三木政権が発足した日で、三木武夫は夜、親任式と認証式のため皇居に出向いている。同日付の『入江相政日記』によると、昼すぎ天皇は入江侍従長に、

「きょう三木が来た時、『木村外相が留任するならいいが、代わるとなると訪米のことに狂いが生じても困るが』と三木に言ってもよかろうか」

と相談された。入江は、

「それは長官が適当に致しますから、お触れにならないように」

とクギを刺し、すぐに宇佐美毅宮内庁長官に連絡したという。田中政権の末期、政界が極度に混乱するなかで、フォード米大統領が来日し、翌年秋の天皇ご訪米がほぼ確定、木村俊夫外相は十二月三日、ご訪米について内奏していた。

しかし、外相が交代しても訪米計画が狂うはずもなく、天皇と入江のやりとりから類推すると、天皇は木村の人柄に好感を持たれ、留任を望んでいたのではないかと思われる。しかし、それを口にされたら、人事に介入したも同然だ。入江があわてて止めたが、あとどんな経過をたどったかは、関係者が全員故人になっていて、知るすべもない。政権の交代で、外相は木村から宮沢喜一に入れ替わっている。

また、一九八六（昭和六十一）年のことだが、中曽根康弘首相のもとに宮内庁を通じて天皇からの伝言が届いた。

「猪木の書いたものは非常に正確である。特に近衛と広田についてはそうだ」

という趣旨である。天皇は、その前年に刊行された『猪木正道著作集』第四巻を読まれ、感想を伝えられたものらしい。同巻には「七つの決断——現代史に学ぶ」というチャプターがあり、①ワシントン会議における加藤友三郎の明快な決断、②文字通り生命をかけた浜口雄幸の死の決断、③大局的見地を欠いた田中義一の優柔不断、④二・二六事件に際しての天皇の御決断、⑤石原莞爾の異能と近衛文麿の不決断、⑥日本を破滅に追い込んだ近衛文麿の致命的決断、⑦戦争を終結した聖断と鈴木貫太郎らの苦心——が記されている。

近衛首相、広田弘毅外相については、「大勢順応主義と無定見が日本を亡国に追い込んだ」と痛烈な批判を加えた論文だ。天皇はそれを、

「非常に正確」

と思い、時の為政者に伝えたかった。天皇の明快な人物評価の一端をうかがわせる。

重量のないオモシ

一九八九（昭和六十四）年一月七日午前六時三十三分、昭和天皇は皇居・吹上御所でなくなられた。当時の首相は竹下登である。

「重体になられた（前年の）九月十九日以後は、万一に備えて私は自粛しておりました。昔はともかく、いまはおいとまをするのは内閣総理大臣ですから。それで、あの日は『侍医長がただいま参内しました』という連絡を受けて駆けつけ、最後のご拝謁をしたのです。もちろん意識はありません。ついで、衆参両院議長もこられたが、あとで調べてみると、なくなられた直後ということでしたね。最後にお会いした民間人というか、ぼくだったんだなあと」

「そりゃあ、ひたすらご快癒を請い願う気持ちを持ち続けていましたが、私としては新しい世を迎えての元号問題などのことで頭がいっぱいでした。事前に（天皇のご逝去を）予測して作業をすることにものすごい抵抗感もね。私らの時代に受けた教育がなさしめていることもあるが。元号の扱いについては、昭和四十年ごろ私（当時、内閣官房副長官）が『公式制度審議会でやればいいじゃないか』と言ったことがあるが、佐藤栄作先生（当時、首相）は『陛下のご崩御を前提にしたことはすべきじゃない』という感じででした。十三、四年して大平内閣の時に元号法が制定されて（一九七九年六月十二日公布）いろんな手順ができているから、それに従えばいいと言えばそれまでだが、狂いがあったりしてはならんということは、重くのしかかっていましたね」

「なくなられてみると、ものすごいオモシだなあ。空気という言葉が適切かどうかわからないが、重量のないオモシなんだねえ。実感として体重を感じる重さじゃなくて。表現がむずかしいが……。私の年齢は大人になったのが戦後、また戦争末期の陸軍少尉だから、戦争を体験はしているが、ものごとが整理整頓できるようになったのはやはり戦後、その立場だけからみても、長い間ご苦労さまでした、という感じだった」

と竹下の話である。歴代首相のなかで、昭和天皇と同じ一九〇一（明治三十四）年に生まれたのは佐藤栄作である。天皇より約ひと月早い三月二十七日の誕生だ。

「佐藤さんは臣・栄作であったことはもちろんだが、同世代の親近感のようなものも強かった。きょうは認証式とか、内奏にいくという朝は、ちゃんと身を清めていましたね。ぼくらもそうだったが」

と、佐藤内閣の幕引き官房長官をつとめた竹下は言う。

一九六九（昭和四十四）年といえば大学紛争が激化した年である。この年末の総選挙

で自民党は圧勝、社会党は九十議席に転落して、佐藤体制は順風、長期政権の気配が濃くなっていた。そのころ、佐藤はある席で、

「三百議席もとってほっとしているのだろうが、ひょっとして自民党永久政権がいいと思っているのではないか。社会党などには断固として政権は譲らない、と思っているのではないか」

と質問されると、むきになって、

「社会党に政権を渡したくないなどと思ったこともない。たとえ社会党でも、天皇様がいらっしゃるかぎり、そこで継続性が保たれる。なんの心配もない。共産党は困るけど」

と抗弁した。立憲君主制と昭和天皇に対する佐藤の信奉ぶりがうかがえる。

歴代首相が再三皇居に足を運んだのにひきかえ、天皇が首相官邸をお訪ねになることはない。一度だけ、一九八五（昭和六十）年十二月二十二日に内閣制度百年の記念式典を催した時、天皇は首相官邸の玄関をくぐった。先導役は首相の中曽根康弘。閣議室、首相執務室などを案内したが、執務室には自分で描いた富士山の絵を掛けておいた。隣には、ファンファーニ・イタリア首相の絵も。

「陛下、大変恐縮でございますが、これは私が描いた絵です。隣のは、私の絵を交換したイタリアの……」

と中曽根が説明すると、天皇は、

「ほう、ほう、ほう、総理大臣同士が絵を交換するのは、いいね」

と楽しげに応じられたという。

この年七月十二日には歴代天皇の最長寿（三万七百五十六日）を記録され、翌八六年四月二十九日の誕生日、政府主催の「天皇陛下ご在位六十年記念式典」が東京・国技館で行われた。当時、野党、右翼の双方から中曽根による天皇の政治利用だ、と攻撃されたが、いま中曽根は語る。

「ご在位六十年の式では、私は涙がぼろぼろこぼれました。『陛下、長い間ご苦労さまでした』と言った時です。二・二六から張作霖、戦争、終戦の屈辱、その後の陛下のご精進、それらが走馬灯のように映りましたね。昭和天皇は、百二十五代の天皇のなかで、もっとも帝王学を心得た、天皇らしい天皇であったと思いますな。私は割合に合理的なところがあって、戦争前も子供の時も、天皇を神様と思ったことは一回もない。天皇だってトイレも行くんだろう、同じ人間じゃないか、そういうものは基本にありましたね。だけれども、日本の伝統的権威というものを背負っている。天皇という人間が背負っているると、そういう力というか貴重性というものは厳然としてあるんだと。その伝統的権威は無一物、無尽蔵という東洋的なものなんだ。元来、剣を下げた天皇というものはないんですね。文化の保持者としての天皇ですよ」

伝統的権威のあらわれか、いまの天皇と違って、昭和天皇は名前のあとに「さん」とか「君」は使われなかった。首相でもだれでも、呼び捨てである。また、日本人とは握手されなかった。唯一、渡海元三郎（故人・元自治、建設相）が手を差しだして天皇が握られたという話がある。これには韓国大使と間違えたというオチもついているが、はっきりしない。

昭和の幕が下りてから、まもなく三年になる。

昭和62年正月の天皇ご一家

あとがき

五月三日、東京・多摩の武蔵野御陵をはじめて訪ね、お詣りした。JR高尾駅から歩いて十分ほどの深い木立の奥に、昭和天皇は眠っておられた。想像していたよりも飾り気のない簡素なお墓だった。

亡くなられてから、もう三年四カ月が過ぎたことになる。時の流れは早い。たまたま憲法記念日のお詣りになったことも、多くのことを考えさせた。昭和天皇の八十七年八カ月のご生涯は、旧憲法と新憲法の期間がほぼ半々である。しかし、天皇に即位されてからを勘定すると約三分の二を新憲法下で暮らされたことになる。動乱のドラマは旧憲法時代に集中していたかもしれないが、戦後は戦後で気骨の折れる日々だったに違いない。ご苦労も多かったが、敗戦の廃墟からの復興、自立、繁栄の姿をご覧になりながらの道のりは、濃密で、充実もしていたはずである。だが、そうした天皇の日々について、私たち国民は知るところが少なかった。

本書に収録した三十九編のレポートも、昭和天皇の日々の中で、政治・外交にかかわられた断面を少しでも掘り起こしてみたい、という視点から関係者の証言を集めたものである。象徴天皇は政治に直接タッチしない、という憲法上の建前はそれとして、天皇がすぐれて政治的な存在であり続けたことは言うまでもない。では、どのように政治的だったのか。それは日本の戦後史にどんな比重を占めたのか。対象が天皇だけに、これまで手を染めにくい領域だったような気がするが、いくらか素材を提供することができたと思っている。

レポートは、一九九一年四月七日付から同年十二月二十七日付まで毎週、日曜日の毎日新聞朝刊に掲載された。「新編・戦後政治」という長期連載のプロローグとしてである。初回の前文で「『戦後政治』と言うと堅苦しいのですが、落ち穂を拾うような気持ちで、焼け跡から半世紀近くを刻んだ日本の政治とその周辺の空白部分をぽつぽつ埋めてみたいという試みです」と書いたが、昭和天皇について落ち穂拾いにあたったのは、政治部の大須賀瑞夫、岸本正人、赤松幸司の三記者と私の四人である。まとめ役を私が担当した。

快く取材に応じてくださった中曽根康弘元首相はじめ政治家の方々、外務省、宮内庁のOBら多くの人々には改めてお礼を申し上げなければならない。密室で昭和天皇と語り合った内容を口外することにはためらいが強かったと思われるが、「歴史の空白を埋めたい」という趣旨に賛同し、協力いただいたことに、深く敬意を表する次第である。

また掲載中、読者のみなさんから手紙や電話をたくさん頂戴した。あわせて謝意を表したい。

表題の『陛下の御質問』は、昭和天皇のご意思が主として質問調で述べられたことからきている。また、登場人物の年齢、肩書などは掲載時のままとした。その後、多少の変動があるが、ご了解いただきたい。本書の刊行にあたっては、毎日新聞出版局図書編集部、とりわけ永上敬氏のお世話になった。感謝を申し上げる。

一九九二年五月

岩見隆夫

文庫版のあとがき

記録によると、昭和天皇が山口県防府市を行幸されたのは一九四七（昭和二十二）年も押しつまった十二月三日である。私は当時、市立松崎小学校の六年生で、学校をあげて沿道に整列し、天皇皇后両陛下の車をお迎えしたあと、帰校して全員で感想文を書いた。

車のなかのお姿をチラリと目にしたにすぎなかったが、それでも印象を綴り、結局私の作文が選ばれて、同夜、NHK防府放送局のスタジオで作文を読んだ。テレビはまだなく、ラジオである。市郊外の毛利邸に一泊された両陛下をお慰さめするためだった。

この経験が昭和天皇を身近かに感じた最初である。それ以前は、学校の講堂の正面に収められたご真影と、天長節（四月二十九日の天皇誕生日）の儀式のときだけ、最敬礼しながら向き合うことしかなかった。雲のかなたの存在であり、四五年八月十五日、旧満州の大連市で聞いた途切れ途切れの玉音放送も、まだ理解するだけの能力がない。

戦後も天皇を強く意識したことはなかった。大学時代の学生運動のなかで、〈天皇の戦争責任〉が議論されたことはしばしばあったが、一種の通過儀礼のようなもので、それも次第に薄れていったように思う。天皇一家が終始控え目で、私たちの神経を刺激する場面がほとんどなかったこととも無縁ではないだろう。

私が昭和天皇を意識しはじめたのは六六年、社会部記者から政治記者に転じてからだった。首相や閣僚、与党首脳、省庁トップら政官界の要人がたえず天皇の言動を意識し、気を配っているのがこちらにも伝染してきた、と言ったほうが正しいのだろう。ことに歴代首相は天皇の顔色をうかがっているようなところが読み取れた。天皇に好感を持たれたいと思っている。逆に、天皇に気に入られないのは政権維持にマイナスと考えているのではないか、という印象もあった。

本文にも記したが、歴代のなかで特に天皇への尊崇の念が強いといわれた佐藤栄作首相が、

「社会党に政権を渡したくないなどと思ったこともない。たとえ社会党でも、天皇様がいらっしゃるかぎり、そこで継続性が保たれる。何の心配もない。共産党は困るけど」

と言った、という話なども伝わってきて、いつ退陣するかわからない首相の心の拠りどころが、それぞれ程度の差こそあれ、天皇にあるらしいこともわかってきた。

つまり、現憲法下、象徴天皇として政治と一線を画していても、すぐれて政治的な存在であることは明白だった。天皇の側も、象徴の立場を踏みはずさないように気を配り

ながら、実は政治に強烈な関心を抱き、折りに触れてその意向を首相らに伝えていることも察知できた。しかし、政治家側は天皇とのやりとりをいっさい口外しない。うっかり内奏したときの天皇の言葉を洩らして引責辞任した防衛庁長官がいたが、政治的発言をした天皇に批判が向けられることはなかった。菊のカーテンの内側で起きたことに、批判がましいことは言わない、という風潮とも言える。

それは、国家の維持のためにも、社会の安定のためにも、天皇が〈なくてはならないもの〉という意識が、戦後社会のなかで次第に定着してきたことを示していた。敗戦の記憶が遠ざかるにつれ、〈天皇と戦争〉の問いかけが弱くなり、むしろ、開かれた皇室への期待が強まった、という時代の変化が背景になっている。

とはいえ、昭和天皇の政治へのかかわりが、ベールのなかに包まれたままというのは好ましくない。戦後政治の縦軸の濃厚な一本として、国民は知っておく必要があるのではないか、と私はいつごろからか思うようになった。しかし、政治家側は、天皇との接触を強く望みながら、接触の中身を外に洩らせば、自身に傷がつくだけでなく、天皇にもご迷惑をかけると確信しているらしかった。たしかに天皇による〈政治的発言〉の許容範囲の線引きをどこに設定するかはデリケートな問題ではあるが、それにしても、極端な秘密主義は新たな禍根になりかねない。

そうした観点から、昭和天皇が亡くなられて一年後から取材にかかり、まとめたのが本書である。結論的に言うと、天皇は政治不介入のルールを外さないために、相当の工夫を日常的にされていたこと、とはいえ、発言が政治的意味合いを多く含んでいたのは確かで、それが政治家側に少なからず心理的影響を与えたこと、さらに戦前・戦中・戦後を世界史的視野のなかで生き抜いた唯一の存在として政治家側に有益なサゼッションを与えたこと、は間違いない。従って、私は、中曽根康弘首相の、

「伝統的権威というものを背負っている、もっとも帝王学を心得た天皇らしい天皇」

という見方に同意する。昭和天皇は幾多の風雪に耐えてきた類まれな賢帝と言っていいだろう。

さて、昭和が幕を下ろしてから早くも十六年が過ぎたが、最近になって、賢帝説への異論がでてきた。作家の丸谷才一氏が『ゴシップ的日本語論』(二〇〇四年・文藝春秋刊)のなかで記しているが、

〈昭和天皇が皇太子であつたときに受けた教育に、重大な欠陥があつた、といふものです。そのために、言語能力の面で非常に問題のある方になつた。……何を語つても言葉が足りないし、使ふ用語は適切を欠き、語尾がはつきりしなくて、論旨の方向が不明なことを述べる方になつた。拝謁した首相や参謀総長は、よいと言はれたのか悪いと言はれたのか、どういふ思し召しだつたのか、まつたくわからない。……昭和史は、昭和天皇の言語能力といふところから攻めてゆけば、かなりよくわかつてくる。そのことを

どうしてしないのか。単に政治経済だけを論じることが日本の国運を論じることだと思つてゐる。それでは駄目なんですよ。そんな態度だから日本の政治はあれだけひどいことになつたし、経済はいまこんなひどいことになつてゐる。わたしは、さう思ふ。一国の基本のところにあるものは言語の問題なんです〉（原文のまま）

という興味深い指摘だ。丸谷氏は、このことを発見した書として、ハーバート・P・ビックス著『昭和天皇』（二〇〇二年・講談社刊）と鳥居民著『昭和二十年』（第一部＝10「天皇は決意する」・二〇〇二年・草思社刊）の二冊をあげている。鳥居氏は、この著書で、

〈大正天皇の健康がよくなかったことから、皇太子（昭和天皇）の教育は、元老、宮内大臣、内大臣がすべての責任を負った。ところが、素朴で慎み深い性格の皇太子を大事に大事に育てようとした、まことにいびつな教育の結果、皇太子は人と充分に喋ることができなくなってしまっている。ごく単純な受け答えの言葉を知らず、人にたいする呼びかけの言葉も知らない。会話に使用できる語句はごくごくわずかだ〉

と会話能力が決定的に不足していたと書いた。ビックス氏も、皇太子の教育が異常だったことをデータを駆使して詳述したあと、

〈政治的・軍事的義務の遂行の折には、沈黙の仮面はしばしば物議をかもした。彼（昭和天皇）に直接報告する人物は、その場の状況に照らして少なすぎる言葉だけでなく、

その表情や、どの程度「動かされた」ように見えたかという点も判断せざるをえなかった。……拝謁者は、内面の思考と次の行動のどんなわずかな兆候をも、顔つきからうかがうようになった。仮面をかぶることに価値を置く歴史を持ち、それを象徴的表現の最高の形態としてきた社会にあって、天皇の沈黙の仮面は意味を響かせるものだった〉

と記し、非言語人間としての昭和天皇の姿を浮彫りにしている。両氏はこうした天皇の言語能力の欠陥が、歴史の節目であいまいな決定をもたらし、国家の不幸につながったことを論証しようとした。

しかし、このような論旨は極論のように私には思える。昭和天皇の日常的な言語量が少なく、発声、抑揚も一般人と異質だったのが、人格形成期の特殊な言語教育のせいであることは認めるが、それによって、天皇の意思がたえず不明だったとは考えない。戦前・戦中、なかでも戦乱の渦中で天皇がとられたあいまいな態度に批判が集まるのはわからないではないが、戦争責任論はもっと大局的、総括的にやるべきことだろう。

戦後について言えば、昭和天皇が果たされたことは十分に国益に沿っており、賢帝の名に恥じなかったのではなかろうか。象徴天皇の制約のもとで〈沈黙の効用〉を巧みに利用されたのは確かである。

「あっ、そお」にしても、強弱、明暗、間《ま》の取り方など時と場所に応じて幾通りにも使い分けたといわれる。それらは言語能力の欠陥ではなく、少ない言語量で多くを語る工夫の産物だった。ボキャブラリー（語彙）の不足はあったかもしれないが、私の取材体験では、さほどでもない。昭和天皇は雄弁でも多弁、能弁でもなく、〈寡黙の人〉だったことは間違いないが、それは思考能力や意思決定能力と別次元のことと思われる。

ともあれ、昭和天皇の実像をめぐって、自由な分析が始まったことは好ましい。その点で、丸谷氏による昭和史アプローチの提案は賛成である。天皇にかぎらず、私が担当している政治の世界でも、言語能力の不足がかじ取りをゆがめていることを痛感するだけに、〈言語と××〉という発想があらゆる分野で広がるのを強く期待したい。

最近は皇室論議が一段とにぎやかになった。昭和天皇がご存命なら、この論議が〈言葉〉から出発していることにまず驚かれるに違いない。皇太子による「（雅子妃殿下の）人格を否定するような動きがあった」という衝撃的発言をきっかけに皇室のあり方が問われることになった。この言論戦に天皇陛下、秋篠宮殿下も参加されたのだから、前代未聞の新展開である。さらに女性天皇の是非問題まで重なり、かつてない活況を呈しているのは、一応歓迎すべきことなのだろう。

だが、「人格否定」発言に秘められた意味は何か。天皇は「理解しきれぬところがある」と卒直に申された。奥に隠された皇室の内情とともに、皇太子の言語能力も試されているることに気づくのだ。開かれた皇室、と言えば聞こえはいいが、何事もあけすけが好ましいわけではない。なにがしかの神秘性も必要なのである。昭和天皇お得意の〈沈黙の効用〉がなつかしく思い出される。

平成十七年二月

岩見隆夫

文春文庫

陛下《へいか》の御質問《ごしつもん》
昭和天皇《しょうわてんのう》と戦後政治《せんごせいじ》

定価はカバーに
表示してあります

2005年5月10日　第1刷
2005年5月30日　第2刷

著　者　岩見隆夫《いわみたかお》

発行者　庄野音比古

発行所　株式会社　文藝春秋
東京都千代田区紀尾井町3-23　〒102-8008
TEL 03・3265・1211
文藝春秋ホームページ　http://www.bunshun.co.jp
文春ウェブ文庫　http://www.bunshunplaza.com
落丁、乱丁本は、お手数ですが小社製作部宛お送り下さい。送料小社負担でお取替致します。

印刷・凸版印刷　製本・加藤製本

Printed in Japan
ISBN4-16-767940-X

（　）内は解説者。品切の節はご容赦下さい。

石原慎太郎
亡国の徒に問う
国家なしに国民はない。その国を自ら滅ぼそうとするのか。何がこの国を、これほど自堕落なものにしたのか。政治、歴史、文学、宗教を論じ、日本人の「下意識」を問う評論集。（櫻田淳）
い-24-2

石原慎太郎
国家なる幻影　わが政治への反回想（上下）
喜劇が悲劇であり、背信が誠実である政治の世界。暗闘、謀略、権力への欲望と無念の死。自ら関わったこの三十年間の政治の真相と人間の情念のドラマを、圧倒的な迫力で記した回想録。

い-24-3

李寧熙（イヨンヒ）
日本語の真相
一見、純然たる日本語と思われる言葉がみせる古代韓国語との符合――。数多くの興味深い事例で変転の法則を明快に解きあかし、日本語の源流を照射する好評「解読シリーズ」第四弾！

い-25-4

稲垣武
「悪魔祓《あくまばら》い」の戦後史　進歩的文化人の言論と責任
スターリン、毛沢東、金日成らを熱狂的に支持した日本のマスコミや知識人。「平気でウソを書いた人たち」の過去の妄言の数々を徹底検証する。第三回山本七平賞を受賞。（松原隆一郎）
い-36-2

梅原猛
古代幻視
縄文文化、柿本人麿、清少納言、さらに奇怪な想像力の世界・今昔物語へ……。古代研究のエッセンスを総動員して、新しい領域に足を踏み入れる、梅原日本学の新展開！（井沢元彦）
う-10-1

石井英夫
産経抄　この五年
産経新聞一面のオアシス「産経抄」から著者自身が選り抜いた二六〇〇本（一九九六～二〇〇〇年）と雑誌「正論」のコラムを収録。過激だが心優しい、日本最高のコラム集！（徳岡孝夫）
い-51-1

文春文庫

評論とエッセイ

海舟余波　わが読史余滴
江藤淳

稀有の政治的人間としての勝海舟は、徳川幕府の存亡の重責を負いながら、崩壊を誰よりも的確に予測していた。当時の政治過程と深くかかわり合った政治家・海舟の心奥を描く。

え-2-1

閉された言語空間　占領軍の検閲と戦後日本
江藤淳

アメリカは日本の検閲をいかに準備し実行したか。眼に見える戦争は終ったが、アメリカの眼に見えない戦争、日本の思想と文化の殲滅戦が始まった。一次史料による秘匿された検閲の全貌。

え-2-8

南洲残影
江藤淳

「西郷南洲」は思想である。この国で最も強固な思想である。滅亡を予期しながらなぜ、何に対し西郷は戦わざるをえなかったのか？　近代日本に対峙する西郷隆盛の意味を問い直す名著。

え-2-11

妻と私・幼年時代
江藤淳

夫婦とは、告知とは、生と死とは何かを問い、読者の大きな反響を呼んだ「妻と私」と、絶筆「幼年時代」、石原慎太郎、吉本隆明、福田和也各氏の追悼文を収録。江藤淳処決までのすべて。

え-2-12

昭和精神史
桶谷秀昭

大東亜戦争は本当に一部指導者の狂気の産物だったのか？　戦争をただ一つの史観から断罪して片づけてよいものか？　昭和改元から敗戦までを丹念に綴る昭和前史。毎日出版文化賞受賞。

お-20-1

昭和精神史　戦後篇
桶谷秀昭

昭和という時代はいつ終ったのか。異国軍隊の進駐と占領で始まった敗戦国日本と戦後を生きた日本人の心の歴史を東京裁判、三島由紀夫事件、天皇崩御を通して克明に描いた渾身の書。

お-20-2

（　）内は解説者。品切の節はご容赦下さい。

岸田秀
二十世紀を精神分析する
個人と同じように国家や民族も精神を病む。日本が絶望的な戦争への道を突っ走り、資本主義が猛威をふるい、ソ連が敢えなく潰え去った時代を『ものぐさ精神分析』の著者が読み解く。
き-14-5

岸田秀
ものぐさ箸やすめ
アメリカと日本、男と女を精神分析する
人間、己惚れはなくせない、信頼は手前勝手な虫のいいもの、あくせく働くのは「暇」が怖いから……。歯に衣着せぬ明快さで、世間の俗事から天下国家まで、一刀両断。（松本健一）
き-14-6

小林秀雄
考えるヒント〈新装版〉
常識、漫画、良心、歴史、役者、ヒットラーと悪魔、平家物語などの項目を収めた「考えるヒント」に随想「四季」を加え、「ソヴェットの旅」を付した明快達意の随筆集。（江藤淳）
こ-1-8

小林秀雄
考えるヒント2
忠臣蔵、学問、考えるという事、ヒューマニズム、還暦、哲学、天命を知るとは、歴史、などの十二篇に「常識について」を併載して、考えることの愉悦をおしえる。（江藤淳）
こ-1-2

小林秀雄
考えるヒント3
事物の核心を衝く鋭い感性と深い思索の小林秀雄講演集。生と死、美を求める心、喋ることと書くこと、政治と文学、悲劇について、表現について、など十二篇を収録。（江藤淳）
こ-1-3

小林秀雄
考えるヒント4
ランボオ・中原中也
フランス詩壇の奇跡・アルチュール・ランボオと夭折した日本の抒情詩人・中原中也——この両詩人に関するすべてのエッセイに、ランボオの詩作品の訳業を収録した。（高橋英夫）
こ-1-5

文春文庫

評論とエッセイ

（　）内は解説者。品切の節はご容赦下さい

それでもがん検診うけますか
近藤誠
放置しても人の命を奪わない「がんもどき」、増殖のゆっくりした「のんびりがん」など、がん検診業界に物議をかもした近藤理論のすべて。がん検診は百害あって一利なし！（古森義久）
こ-22-1

患者よ、がんと闘うな
近藤誠
がんに手術はほとんど役にたたず、抗がん剤治療に意味のあるがんは全体の一割、がん検診は百害あって一利もない。自分のがん治療法は自分で決める。がん治療の常識を破った革命の書。
こ-22-2

がん専門医よ、真実を語れ
近藤誠編著
話題をよんだ『患者よ、がんと闘うな』に対してわきおこった様様な論争。批判者及び識者との、がん治療をめぐる対論八篇と、批判や疑問に答えた書き下しを含む七篇で、全ての真実を明す。
こ-22-3

ぼくがすすめるがん治療
近藤誠
手術、抗がん剤、放射線……。はたしてどの治療がよいのか、家庭医学書に書いてあることを信じてよいのか。「近藤理論」ですべての疑問に答える、「がん」と言われたときに読む本。
こ-22-4

乳がんを忘れるための本
乳房温存療法がよくわかる
近藤誠
胸にシコリを感じて不安に思う方。乳がんと告げられたばかりで担当医が勧める治療をうけたものかどうか迷っている方へ。乳房温存療法の可能性を探りつつ、原因、動向、診断を論じる。
こ-22-5

成人病の真実
近藤誠
がん、高血圧症、高コレステロール血症、糖尿病……。患者を増やしたいという医者の欲求は強まることはあっても弱まることはない。それゆえ、人びとは自衛策を考える必要がある。
こ-22-6

（　）内は解説者。品切の節はご容赦下さい。

佐藤清彦
にっぽん心中考
元新聞記者の著者が、膨大な資料をひもといて古今の情死事件にアプローチ。愛新覚羅慧生、有島武郎、坂田山心中ほか、世相を映す心中事件の様々を、独得の語り口でよみがえらせる。
さ-26-2

斉藤政喜・イラスト内澤旬子
東方見便録
「もの出す人々」から見たアジア考現学
中国学生寮の流しそうめん型便器、ネパール奥地のウンチを食うブタ。アジア各地を巡り辿りついた奇想天外なトイレの数々を、詳細なイラストとともに紹介する前代未聞のトイレ紀行。
さ-33-1

里見真三
すきやばし次郎 旬を握る
前代未聞！　パリの一流紙が「世界のレストラン十傑」に挙げた江戸前握りの名店の仕事をカラー写真を駆使して徹底追究。本邦初公開の近海本マグロ断面をはじめ、思わず唸らされる。
さ-35-1

斎藤美奈子
読者は踊る
私たちはなぜ本を読むのか？　斬新かつ核心をつく辛口評論で人気の批評家が、タレント本から聖書まで、売れた本・話題になった本二五三冊を、快刀乱麻で読み解いてゆく。（米原万里）
さ-36-1

斎藤美奈子
モダンガール論
職業的な達成と家庭的な幸福の間で揺れ動いた、明治・大正・昭和の「モダンガール」たちの生き方を欲望史観で読み解き、二十一世紀にむけた女の子の生き方を探る。（浅井良夫）
さ-36-2

里中哲彦
鬼平犯科帳の真髄
「鬼平犯科帳」全篇をつうじて、いちばん幸せな男は誰か？　鬼平役者の秘話あれこれ等、テレビから映画に到るまで、本格派のファンが気持を気ままに綴って笑いを誘う副読本。（梶芽衣子）
さ-37-1

評論とエッセイ

（　）内は解説者。品切の節はご容赦下さい。

齋藤孝

スラムダンクな友情論《ゆうじょうろん》

『スラムダンク』『稲中卓球部』から坂口安吾『青春論』、小林秀雄『私の人生観』まで、少年時代に読むべき名著を例に、教育界の寵児・齋藤孝が十代の読者へ贈る、まっすぐで熱い友情論。

さ-38-1

塩田丸男

人体表現読本

なぜ「顔が広い」「足を棒にする」などと言うのか。「木で鼻をくくる」「臍で茶を沸かす」など、人間の身体にまつわる表現の数々を各部位ごとにまとめて解説。ことばでからだを知る書。

し-13-4

澁澤龍彦

快楽主義の哲学

人生に目的などありはしない。信ずべきは曖昧な幸福にあらず、ただ具体的な快楽のみ……。時を隔ててますます新しい、澁澤龍彦の煽動的人生論。三島由紀夫絶賛の幻の書。（浅羽通明）

し-21-2

澁澤龍彦＋巖谷國士

裸婦の中の裸婦

古代ギリシャの両性具有像、ベラスケスなどの泰西名画からヘルムート・ニュートンまで——晩年の澁澤が、偏愛する裸体画の文化的背景を軽妙につづった異色の一冊。ビジュアル版。

し-21-3

鈴木秀子

死にゆく者からの言葉

死にゆく者たちは、その瞬間、自分の人生の意味を悟り、未解決のものを解決し、不和を和解に、豊かな愛の実現をはかる。死にゆく者の最後の言葉こそ、残された者への愛と勇気である。

す-9-1

鈴木博之

東京の「地霊《ゲニウス・ロキ》」

江戸・明治から平成の現代まで数奇な変転を重ねた都内十三カ所の土地の歴史を、「地霊《ゲニウス・ロキ》」という観点から考察した興趣溢れる東京の土地物語。サントリー学芸賞受賞作。（藤森照信）

す-10-1

（　）内は解説者。品切の節はご容赦下さい。

関容子
芸づくし忠臣蔵
名作歌舞伎「仮名手本忠臣蔵」の大序から十一段目までを各章にふり、古今の名優が芸の秘密、抱腹のエピソードを明かす。芸術選奨文部大臣賞、読売文学賞ダブル受賞。（丸谷才一）
せ-2-3

関川夏央
「ただの人」の人生
明治の文豪、将棋指し、映画評論家、生意気なインタビュアー……。目に見えないものもじっくり眺めるとおぼろげに見えてくる。短文の名手が贈る珠玉の十九篇収録。（小森陽一）
せ-3-4

関川夏央
豪雨の前兆
夏目漱石、松本清張、須賀敦子……。いずれも既にこの世にない人の遺した書きものを通じ現在を照射する、深い知識と鋭い観察眼、人生への洞察が冴える珠玉の随筆二十二篇。（水村美苗）
せ-3-9

関川夏生
昭和が明るかった頃
昭和三十年代、人々は映画に明日への希望を託していた。最も時代を色濃く映し出していた映画会社・日活と吉永小百合、石原裕次郎を通じ、当時の時代精神を描く長篇評論。（増田悦佐）
せ-3-10

曽野綾子
誰のために愛するか（全）
その人のために死ねるか——真摯にして厳しい問いの中にこそ、本当の愛の姿が見える。嫁と姑。息子と母親。友人。夫婦。人間同士の関係が不思議で愛しくなるエッセイ集。（坂谷豊光）
そ-1-19

渡部昇一＋谷沢永一
こんな「歴史」に誰がした
日本史教科書を総点検する
中学歴史教科書の反日的記述を、論壇の両雄が対談形式で徹底的に批判。その本来のあるべき姿を明示し、そういった教科書がなぜ生まれたのかを解明する、絶好の入門書。（田久保忠衛）
た-17-3

（　）内は解説者。品切の節はご容赦下さい。

谷沢永一
人間通と世間通
〝古典の英知〟は今も輝く

「人間とは何か」「人間社会のメカニズムとは何か」という二つのテーマに即して、古典中の古典を選びだし、そのエッセンスを凝縮。これ一冊であなたも「人間通」「世間通」になれる。

た-17-4

谷沢永一＋渡部昇一
誰が国賊か
今、「エリートの罪」を裁くとき

バブルが弾け、日本は戦後最悪の平成不況に突入した。この事態を引き起こした責任者はいったい誰なのか。すべては大蔵省をはじめとする霞が関官僚たちの「エリートの罪」なのだ！

た-17-5

立川談志
談志楽屋噺

楽屋は芸人の学校である。純粋な男、狂気の男、真面目な男、破廉恥な男、落語家生活三十余年の間に楽屋で出会った有名無名の芸人の、心に残る思い出とエピソード。対談・色川武大。

た-24-1

竹内久美子
そんなバカな！
遺伝子と神について

そもそも賢いはずの人間がときとしてアホなことをしでかすのはなぜなのか？　この深遠なる人間行動の謎に〝利己的遺伝子〟という考え方から迫るア然ボウ然ガク然の書。（柴門ふみ）

た-33-1

竹内久美子
賭博と国家と男と女

国家や階級を形成した原動力は〝賭博〟だった！　好色な男は組織の指導者として最高？　文化、階級社会、男と女の力関係の謎を遺伝子と行動学から解明した国家の進化論。（後藤正治）

た-33-2

竹内久美子
浮気人類進化論
きびしい社会といいかげんな社会

サルはなぜ人間に進化したか？　それは、言葉による男と女の駆け引き、騙し合い、「浮気」のせいだった。常識を覆す人間考察で話題を呼んだ竹内久美子の衝撃的デビュー作。（井上一馬）

た-33-3

文春文庫

評論とエッセイ

（ ）内は解説者。品切の節はご容赦下さい。

百瀬格（金重明訳）

韓国が死んでも日本に追いつけない18の理由

韓国は賄賂がないと動かない「封建社会」ならぬ「封筒社会」だと喝破した在韓日本人元商社マンによる、タブーに触れた挑発的韓国論。韓国で30万部のベストセラーとなった話題の書。

も-16-1

山本七平

私の中の日本軍（上下）

自己の軍隊体験をもとに日本軍についての誤解や偏見をただし、さまざまな〝戦争伝説〟〝軍隊伝説〟をくつがえした名著。鋭い観察眼と抜群の推理力による冷静な分析が光る。

や-9-1

山本七平

「空気」の研究

現代の日本では〝空気〟は絶対権威のような力をふるっている。論理や主張を超えて人々を拘束するこの怪物の正体を解明し、日本人に独特の伝統的発想と心的秩序を探る。（日下公人）

や-9-3

山本七平

一下級将校の見た帝国陸軍

「帝国陸軍」とは何だったのか。すべてが規則ずくめで大官僚機構ともいえる日本軍隊を、北部ルソンで野砲連隊本部の少尉として惨烈な体験をした著者が、徹底的に分析追求した力作。

や-9-5

山本七平

「常識」の研究

日本の戦前・戦後を通じていえることは「権威は消えたが常識は残った」である。常識つまり生活の行動規範とそれを基とした事象への判断を取り上げ、国際化時代の考え方を説く。

や-9-6

山本七平

ある異常体験者の偏見

日本人を条理に合う人間と合わない人間とに峻別すべきことを、自らの異常体験をもとに緻密に証明する表題作のほか、「軍隊語で語る平和論」「マッカーサーの戦争観」などを収録。

や-9-7

（　）内は解説者。品切の節はご容赦下さい

山本七平
「常識」の落とし穴
平成ニッポンの常識からすれば、いかにも非常識——だが、そうした発想こそが真実を発見できる。〝指導力なき指導者の時代〟をいちはやく予言した著者の「脱・常識のすすめ」決定版。

や-9-12

山本夏彦
最後のひと
かつて日本人の暮しの中にあった教養、所作、美意識などは、いまや跡かたもない。独得の美意識「粋」を育んだ花柳界の百年の変遷を手掛りに、亡びた文化とその終焉を描く。（松山巖）
や-11-8

山本夏彦
「豆朝日新聞」始末
汚職は国を滅ぼさないが、正義は国を滅ぼす！「安物の正義」を売る大新聞を痛烈に嗤いのめした表題作ほか、辛辣無比の毒舌と爽快無類のエスプリの〝カクテル〟五十九篇。（長新太）
や-11-9

山本夏彦
愚図の大いそがし
〝人生教師〟たらんとした版元の功罪を問う「岩波物語」、山本流文章術の真髄を明かした「私の文章作法」など、世事万般を俎上に胸のすく筆さばきの傑作コラム五十六篇。（奥本大三郎）
や-11-10

山本夏彦
私の岩波物語
岩波書店、講談社、中央公論社以下の版元から電通、博報堂など広告会社まで、日本の言論を左右する面々の過去を、自ら主宰する雑誌の回顧に仮託しつつ論じる。（久世光彦）
や-11-11

山本夏彦
世はメ切
「人ノ患《ウレ》イハ好ミテ人ノ師トナルニアリ」と記す「教師ぎらい」、戦前の世相風俗を描いた「謹賀新年」「突っこめ」、現代を抉る「Jリーグ」「小説の時代去る」など名コラム満載。（関川夏央）
や-11-12